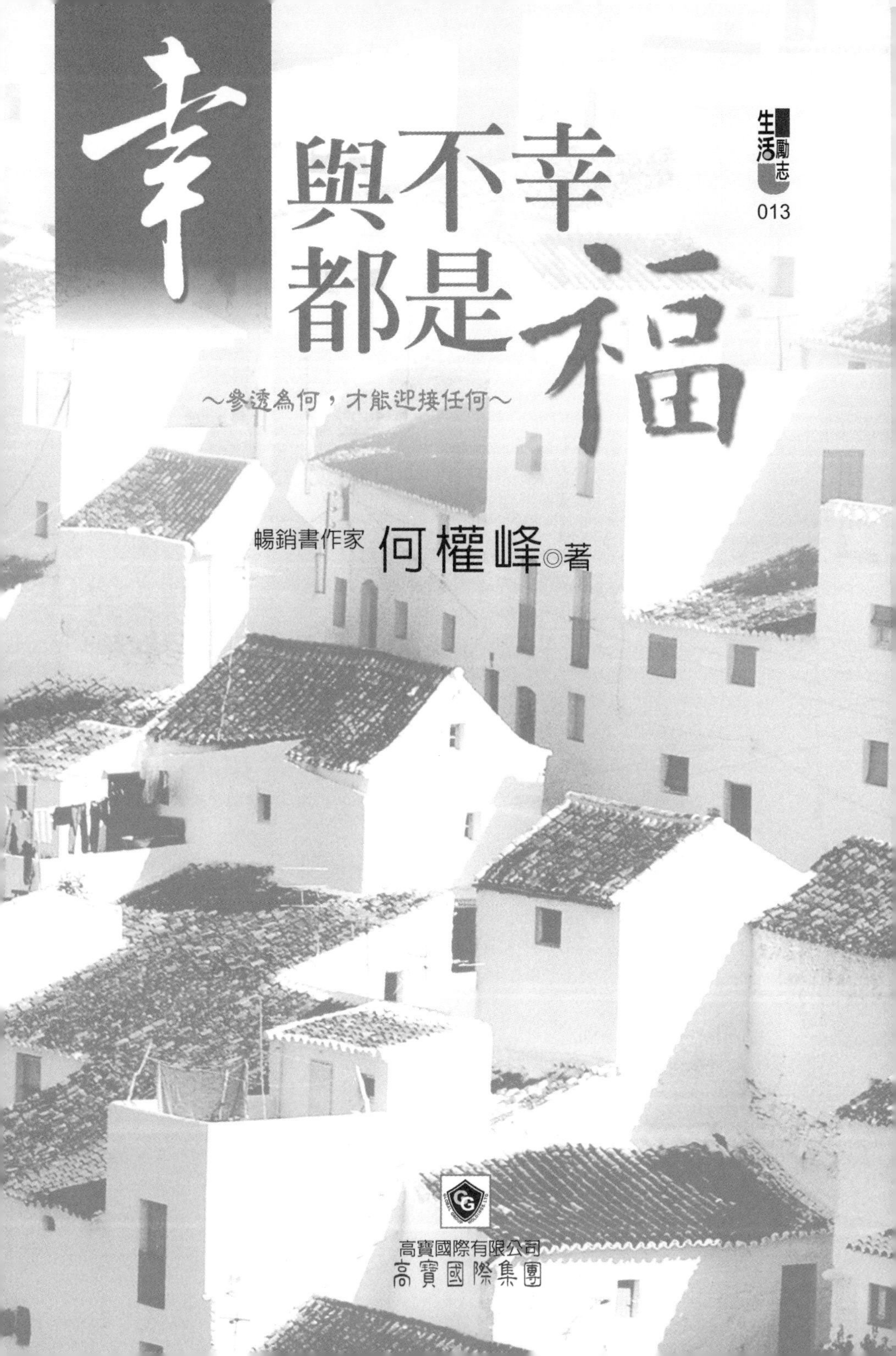

幸與不幸都是福

～參透為何，才能迎接任何～

生活勵志 013

暢銷書作家 何權峰◎著

高寶國際有限公司
高寶國際集團

生活勵志 013

幸與不幸都是福

作　者	何權峰
主　編	張復先
校　對	張復先　何權峰
出版者	英屬維京群島商高寶國際有限公司台灣分公司 Global Group Holdings, Ltd.
聯絡地址	台北市內湖區新明路174巷15號10樓
網　址	www.sitak.com.tw
電　話	(02) 27911197　27918621
電　傳	出版部　(02) 27955824　行銷部　(02) 27955825
郵政劃撥	19394552
戶　名	英屬維京群島商高寶國際有限公司台灣分公司
出版日期	2003年9月第1版第1刷
發　行	希代書版集團發行

香港總經銷	全力圖書有限公司
地　址	香港新界葵涌打磚坪街58-76號和豐工業中心1樓8室
電　話	(852) 2494-7282　傳真　(852) 2494-7609

Printed in Taiwan

ISBN:986-7799-24-0

參透為何，才能迎接任何。

——尼采

004
除非你學會這一課　何權峰
了解並不是要去改變，不是的，了解是幫你提升認知的層次，讓你看清整個生命的本質與事情深層的意義，然後透過那個「了解」，你就會接受、你就會蛻變，你就會得到了悟。

222
看到浮生百態的美好　張復先
就因為期待是種煎熬，於是落空是平常，得到是意外，感恩的念頭讓世上所有屬於心想事成的甜蜜幻想都找到了最好的出口，因此，感情需要靠沉澱，沉澱後才有眷戀，眷戀於是滋生新的想念，想念才會讓再見的理由擁有更多想像的空間。

除非你學會這一課

參透為何，才能迎接任何。——尼采

何權峰

說幸福是好的，是有福的，這點大家都可以理解，但是說不幸也是福，這就奇怪了，不幸怎麼會是福呢？

沒錯，不幸也是福，而且它還是比幸福更大的祝福，只是不幸的人總是「身在福中不知福」。

很疑惑是嗎？會疑惑是正常的。當我們不了解某件事情的原委，不明白整件事的來龍去脈，當然會覺得困惑，這也就是為什麼會有這本書。

說來這已是個老問題了，曾經一而再，再而三地被問過，因為大家還是很困惑。如果神是仁慈，是無所不能的，那麼，為什麼祂要讓不幸的事發生？祂本來可以讓每件事都平安順利，讓每個人都無憂無慮，祂為什麼不這麼做？這世界為什麼有這麼多悲慘、病痛、不公平……，為什麼？

祂的確是仁慈的，也有足夠的能力做最好的安排，而那就是祂一直在做的。你之所以覺得疑惑，那是因為你還沒看到整個結局，明白

嗎？這是需要一些時間的。你不應該這麼急著下結論，不該這麼沒有耐心，你應該多給生命一點時間……

引用華格納（Jane Wagner）的話：「你不能期待自己會有洞見，能夠突然讓你理解一切。不過我認為，如果洞見使你陷入較深層的迷惘，這倒也是第一步。」走出第一步，然後這本書就是第二步——這是很大的一步，它能掀開讓你迷惘的那層紗，讓你了解那些你所謂的不幸——「為什麼會是你？」、「為什麼你會發生這種事？」原來是一個祝福。

了解並不是要去改變，不是的，了解是幫你提升認知的層次，讓你看清整個生命的本質與事情深層的意義，然後透過那個「了解」，你就會接受、你就會蛻變，你就會得到了悟。

在地球上我們全都是過客，這裡並不是我們的家，我們在此只是為了去經驗、去成長，只是為了回到彼岸喜樂的家在做準備。我們就像孩子被送進學校般的進入這個生命，這只是一個學習的場所，這並不是我們的家，所以不要留戀、不要佔有、不要執著著不放，否則當夜晚來臨，當生命終了，你將錯過回家的路。

你已經錯失很多次了，你一再又一再地被送回來，也一再一再地受苦，那其實都是有原因的，除非你學會這一課。

要如何解釋發生在我身上的？

作夢人，從不知道自己在作夢，除非把他叫醒；在夢中，你從來不會質疑，即使夢到沙漠、夢到天堂，你都會當真，但是當你醒來，你就會發現原來自己在作夢，你就會懷疑為什麼作這樣的夢？

懷疑出現也就是夢醒時分，別擔心，就讓懷疑出來，每個人在見到黎明之前，都要經歷一段黑夜，每個人都要通過懷疑的考驗。

一個黑人和上帝對話。

「上帝啊！請告訴我，為什麼我這麼黑？」

「你皮膚黑才能抵抗非洲炎熱的太陽。」上帝說。

「那麼，上帝，為什麼我的頭髮又短又捲？」

「這樣你才不會在非洲炎熱的天氣下流汗。」

「告訴我，上帝，那為什麼我的腳這麼大？」

「這樣你就比較容易從非洲的猛獸口中逃生。」

「請告訴我上帝，」黑人說，「那我為什麼生在紐約？」

你曾經觀察過嗎？人們總是對於那些不滿意的事問為什麼，對於喜歡的、滿意的事從來不問為什麼？你曾質疑過為什麼你生下來就好手好腳嗎？你會懷疑說周遭為什麼有這麼多美好的事物？為什麼你能平安地活到現在嗎？

不，對於那些幸福美好的事，人們從不會去懷疑，我們從來不會對健康、美麗、平安、享樂問為什麼。然而一旦事情不對勁，只要讓你受了點苦，遭到一些挫折委屈，或是有什麼事情不順你的心，不合你的意，你就會望著天空吶喊，你就會質疑為什麼？

為什麼這種事會發生在我身上？為什麼我會那麼倒楣？為什麼是我？

這到底是為什麼？

「為什麼是我？」這是個好問題。對！為什麼是你，而不是你的朋友、鄰居或路上的陌生人，這到底是為什麼，的確值得你好好思考。

我唯一能確定的就是，上天會讓某件事發生在你身上，必定有祂的美意，而那個美意一定是「為了你好」。我這麼說多數的人可能很難理解，「如果是為我好，為什麼我反而過得更不好呢？」沒錯，上天是為了你好，你之所以覺得不好，是因為你並不了解上天的整個計畫，也無法以較長的視野來看眼前發生的事，所以你當然會去質疑——上天為什麼讓我失敗？讓我受苦？讓我悲傷？讓我失望？為什麼？這難道是為了我好？

不可否認，祂的確經常讓人失望。也許祂沒有給你一份你想要的工作，沒有給你夢想的身材，沒有給你會中獎的號碼，祂甚至剝奪了你的健康，奪走了你喜歡的東西和所愛的人；但祂會這麼做，還是為了你好，這點必須等到事過境遷，等你夠成熟了你才會懂。祂不在乎你會怎麼想，也不在乎你的抱怨，因為這不是祂關切的。祂在乎的是你，是你的成長、你的覺知、你對人生的體會，在乎的是如何幫你成為「更好的你」。

一切都是為了你好

祂讓你失敗，是為了讓你學到謙卑；讓你受騙，是為了增長你的智慧；讓你受傷害，是為了使你更堅強；讓你受委屈，是為了砥礪你的人格；讓你受打擊，是為了提醒你的缺點；讓你失去，是為了教你懂得珍惜；讓你痛苦，是為了讓你覺醒；讓你絆倒，是為了強化你的雙腿。現實即使殘酷，但是上天總是慈悲的，祂總是為你好。

將失望（disappointment）的第一個字母「D」拿掉，換成「H」。這麼一來，失望就變成了上帝的指示（His appointment）。

所以我說，任何發生在你身上的事都是好的。如果祂經常挫折你、考驗你，那是祂想知道你是否能擔負重任；如果祂沒能滿足你的期望，那只不過是意味著你的期望是錯的。

曾看過一則故事——

有一個黑人，在沙漠中迷路了三天三夜，不知方向，也沒水喝，口渴得快暈死過去。這時，他痛苦地趴跪在地上，向上帝哭求說：

「主啊，我這一輩子沒做什麼壞事，沒騙過人，也沒害過人，每個星期也都很虔誠地上教堂做禮拜，為什麼我會遇到這種遭遇，讓我身陷沙漠，又渴又餓又累？為什麼……」

忽然間，天搖地動，天上傳來極為莊嚴的聲音：「不錯，我已經查過你的檔案，你的確是個好人，所以，我現在就來幫助你！你可以許下三個願望，我一定讓你願望實現。」

黑人想了一下，馬上說：「我快要渴死了，所以我要一大桶的水，可以讓我解渴！」

接著，黑人又說：「我這一輩子是黑人，飽受歧視，所以我想變成白的！」

講到這裡，黑人越想越高興，因為他就快可以解脫、可以得救了，於是黑人再繼續說：「主啊，我已經很久沒有看過女人，老實說，我好想念她們渾圓的屁股……」

沒想到，黑人話還沒說完，只聽見「唰！」了一大聲，他馬上變成一個雪白漂亮的——「抽水馬桶」！

既是「白色的」、又有「整桶的水」，外觀看起來的確很像「渾圓的屁股」！

看來上帝還真有幽默感！

Smita Patravali寫過一篇名為《祈禱》的短文：

我祈求力量；

上天賜給我困難，使我變得強壯。

我祈求智慧；

上天賜給我體力與頭腦，讓我去工作。

我祈求勇氣；
上天賜給我危險，讓我去克服。
我祈求愛；
上天賜給我受難者，讓我去幫助。
我祈求特別恩惠；
上天只是賜給我機會。

我所想要的，我一樣也沒得到。
我所需要的，我樣樣都獲得。
我的祈禱已得到了答覆。

結果經常是這樣。如果你祈求上帝讓你得到更多的愛，你可能不會立刻遇到愛你的人，很可能反而會遇到讓你覺得很難去愛的人。但就在痛苦的互動關係中，你慢慢懂得什麼是愛，學會了怎麼去愛，因而變得成了一個值得被愛的人，並吸引了更多的愛。

祂必須把你搖醒

神知道該做什麼是對你最好的，祂會照著對你有幫助的去做，而不是照著你的想法去做，如果神答應你每個願望，你就不會上進，那是很可能發生的，所以祂可不希望把你給寵壞。

這就好比一個孩子從小他想要什麼，你就給什麼，每個願望都被滿足了，那對他將是很不幸的事，這個被寵壞的孩子，將來不但不會珍惜，不懂得感恩，也不會知足，因為，他對幸福早已習慣，他根本感覺不到自己身在幸福；因為他總是被滿足，所以對於滿足他早已視而不見，他只會發現不滿——寵他的結果反而害了他。

現在你知道上天的用心了吧！祂不斷地搖醒你、打擊你，那是為了使你變得覺醒，讓你更成長，假如一切都讓你順心如意，一切都很輕鬆舒適，那你又何必去奮鬥？你又怎麼可能對生命有所體悟？

事實上，也只有在你遭遇不幸，你才會想到曾有過的幸福，只有在失去了，你才發現自己擁有什麼。當人們一切平順，一切都是如此的「理所當然」的時候，誰會去感恩？誰會去管神？誰會去關心宗教？誰會去祈禱？誰會去沉思？只有在事情出了差錯，你才會去思考，你才會想說為什麼？

了解了嗎？現在你知道為什麼那個非洲黑人會被安排到紐約出生，為什麼那個懷抱夢想的黑人卻變成抽水馬桶的原因了吧！神知道你在作夢，所以祂必須把你搖醒。

作夢人，從不知道自己在作夢，除非把他叫醒；在夢中，你從來不會質疑，即使夢到沙漠、夢到天堂，你都會當真，但是當你醒來，你就會發現原來自己在作夢，你就會懷疑為什麼作這樣的夢？

懷疑出現也就是夢醒時分，別擔心，就讓懷疑出來，每個人在見到黎明之前，都要經歷一段黑夜，每個人都要通過懷疑的考驗。夜很深很暗，路很長很遠，然而，當漫長的黑夜之後，你將知道所有的一切都是值得的。

何權峰的幸福語錄

• 上天會讓某件事發生在你身上，必定有祂的美意，而那個美意一定是「為了你好」。

• 祂讓你失敗，是為了讓你學到謙卑；讓你受騙，是為了增長你的智慧；讓你受傷害，是為了使你更堅強，讓你受委屈，是為了砥礪你的人格；讓你受打擊，是為了提醒你的缺點；讓你失去，是為了教你懂得珍惜；讓你痛苦，是為了讓你覺醒；讓你絆倒，是為了強化你的雙腿。現實即使殘酷，但是上天總是慈悲的，祂總是為你好。

• 如果祂經常挫折你、考驗你，那是祂想知道你是否能擔負重任；如果祂沒能滿足你的期望，那只不過是意味著你的期望是錯的。

• 也只有你在遭遇不幸，你才會想到曾有過的幸福，只有在失去了，你才發現自己擁有什麼。

• 夜很深很暗，路很長很遠，然而，當漫長的黑夜之後，你將知道所有的一切都是值得的。

目的只有一個，那就是學習

你有沒有發現，當別人陷於某個問題當中，你通常都能發現問題的癥結，並給他不錯的建議，但是當你遇到同樣的困難呢？事情就變得完全不是那麼回事了，對嗎？

為什麼？原因很簡單，當問題發生在別人身上，那並不是你的課程。

如果是的話，你照樣會陷入同樣的困局直到你通過考驗為止。

你相不相信，這世界根本沒有所謂的意外事件，即使有也比我們想像的少得多，大部分事情的發生都是你自己和神所做的選擇，一切早就安排好了。

我們每一個人在出生前，就已為了學習某些寶貴的功課而選擇了自己的父母、長相、性別、環境等等，並從這裡發展出一連串將來陸續會面臨的遭遇，幫我們走向靈性和進化的道路。換句話說，我們也可以從自己的命運來了解今生我們要學習的課程。

許多人也許會問，既然是我自己選擇的，那麼為什麼我的靈魂會選擇我不喜歡的命運？為什麼我會選擇我不喜歡的家庭、父母、長相、性別？為什麼我要選擇我不想經驗的事？

我不知道你為什麼會這麼選擇，也無從由人的意識去理解靈性深層的想法，這必須由你自己去發掘。我只能告訴你，每個人來到世間的意義都不同，境遇也不同，但是目的只有一個，那就是學習。

每個問題後面都是一課

在你的生命之旅中，你會碰到各式各樣要學習的課程，好讓你能完成一生的使命。如果金錢是你的人生課題，你可能會很窮，也可能擁有花不完的錢；如果你的人生課題是愛，你可能會結婚又離婚，也可能終生不婚。總之，在你遭遇的每個問題後面都有一個要學習的課程。

兩性關係就是很好的例子。比方，我們常可以看到，一個保守沉默的丈夫卻有個積極健談的太太；喜歡外出交際的先生，卻有個戀家型的老婆；支配慾強的人，往往會選擇與一個無主見的人為偶；一個緊張過度的「急驚風」，可能選擇一個慢條斯理的「慢郎中」。

為什麼？為什麼兩個相異的個體會彼此吸引？沒錯，是為了學習，所有我們遇到的問題，都是上天為了「補強」我們最欠缺的部分所刻意安排的訓練。

一個做事明快果決、速戰速決的人，很可能被安排一個習慣退一步想，三思後行的伴侶；一個愛花錢享受的人，也可能被安排一個一毛不拔的伴侶。結果雙方都認為對方有問題，也不認同對方，甚至懷疑自己：「當初為什麼會選擇他。」其實就學習的角度來看，這樣的安排正是天造地設的一對。

你的另一半就像一面鏡子，能照出另一面的你，他（她）能幫你看清自己的錯誤。生活節儉的人會告誡對方說：「你得節制點！別亂買些不需要的東西，萬一哪天有需要的時候，你就沒錢！」。愛生活享受的人可能反過來教導對方：「放輕鬆一點！不懂得好好享受，等哪天命沒了，你有再多的錢有什麼用？」雙方都在教，也都在學。

所以當有人問我相不相信這世上有靈魂伴侶。我是相信的，不過我對靈魂伴侶的定義比較不同，並不是一般人認為沒有紛爭、沒有任何問題，如童話式王子與公主從此過著幸福美滿的生活那一種。我的定義很簡單，就是能幫助彼此靈魂成長的伴侶，即是靈魂伴侶。

當然，並不是所有的關係都要維持一輩子才算成功，有些情感注定會很快結束，有的人會結了又離，離了又結，有的人則不會結婚，關係的長短或是是否要建立關係並沒有所謂對錯，那只是個人的選擇而已。每一段感情都有它存在的意義，當意義消失時這段關係也就是圓滿的。至於你是否在彼此身上學到東西，讓自己在下一次的情感中成為更好的人。這才是真正的重點。

如果你沒能從錯誤中學到教訓，那麼你將在下一段感情，下一個關係，甚至在下輩子，重複遇到同樣的人，同樣的問題，這是無法避免的。所以你現在知道，為什麼有些人總是遇人不淑，總是一再感情受創了吧！

直到你通過考驗

人生的境遇原本就不同，你可能會碰到一些課程是別人不必學習的，而當別人為了一些課程掙扎多年時，那也可能是你不需要面對的問題。你有沒有發現，當別人陷於某個問題當中，你通常都能發現問題的癥結，並給他不錯的建議，但是當你遇到同樣的困難呢？事情就變得完全不是那麼回事了，對嗎？

為什麼？原因很簡單，當問題發生在別人身上，那並不是你的課程。如果是的話，你照樣會陷入同樣的困局直到你通過考驗為止。

任何問題都是來自「無知」，誰會遇到問題呢？只有那些還「不知道」的人。生活中每天遭遇到的困難，都與我們身體、心智和情緒上的弱點有關，都是來自我們對某些人事物的無知。課程的安排就是針對這些。

當然，有些課程確實艱深難懂，例如，有些孩子出生之後不久就夭折，他們的死難道也是安排好的？他們甚至註冊都還來不及開學就走了，這又能學到什麼呢？

事實上，他們的死亡，的確在出生之前就安排好的。他們不需要長時間的歷練成長，他們的出生與死亡，是來幫助父母成長的，也許他是來教導父母學習愛和同情的功課，也可能他透過他讓父母學會珍惜彼此，珍愛生命。

有些孩子生來就有身心殘疾，並非前生做錯事的懲罰，而是靈魂為了更精進的學習，所選修的課程。這個課程的重點不是為了受苦，而是給人們思考人生意義的機會？你想過嗎？疾病或災難對你的人生，對你的親人可能有更大的意義？那些病痛苦難並不是真正的要點，「你」才是要點，在整個經歷的過程中，你將蛻變，你將變得更成長、更成熟。

曾聽過聖嚴法師說過一則小故事。

有個女皈依弟子，來學佛前，夫妻不合，生活糜爛，直到生了個殘障的兒子，夫妻兩人開始接觸佛，整個家庭都完全改善。她說：「我很感謝這孩子！因為他的降臨，我們的性格都改變了。我想這孩子是菩薩所化身。」

我也聽說，在歐美曾出現過許多檢測出是唐氏症，但父母卻不願流產的實例。因為他們認為喜憨兒並非對他們的詛咒，而是上天送給他們的禮物。

有些人把不幸當做神的審判，是上天的懲罰。這當然是不對的，神就是愛，神是慈悲的，你認為祂會去做那麼「缺德」的事嗎？不，祂總是仁慈的，祂會給那些課念得不好的學生，一再的補修，給那些考試不及格的學生，一再的補考，這才是祂的本意。至於那些成績好的學生呢？那祂當然也不會忘了關照了。

這得看學生的資質，上天絕不會把超過你負荷的事交給你。所以，如果你所碰到的課程非常艱難，那就表示，你一定是個好學生，才有機會遇到這樣的挑戰，這就像考上好學校的學生，總是碰到最難的考驗一樣，你應該欣慰上帝是那麼的信任你。

有個好脾氣的教士多年來一直忍受著妻子的苛薄和嘮叨。大家都為他的自制力感到驚訝。一天一個朋友對他說：

「沒有人能像你有這麼好的脾氣：要我是你，我早就跟你老婆離婚——所有的人都討厭她。」

教士無助地歎了口氣，嘀咕說：

「這一定是上帝的安排。」

「胡說！」他朋友反駁說：「你總不會說，是上帝故意來懲罰你這樣的好人吧！」

「上帝這麼安排一定有祂的道理。」教士溫和地說：「要是我妻子嫁給一個脾氣壞的人怎麼辦？他一定會休了她，這樣會毀了她一生！所以，你知道，上帝把她交給我這樣能忍受她嘮叨的人，祂肯定心裡有數的。」

這兩個人結婚的確是一件好事，如果把兩個脾氣都很壞的人放在一起，這個世界上不是多了兩個不幸的家庭了嗎？嗯！有道理。

你會有怎麼樣的境遇，跟你的人無關，和學習有關。所以不要去抗拒，不要逃避，也不要去譴責，別去論斷，因為你不知道每一個靈魂要走的旅程。如果你了解生命秘密的運作過程，你就會了解說，原來這都是早就安排好了。

整個故事早就安排好了

上了年紀的人，都有一個共同的特性，常會述說年輕經歷的種種，他們老愛回憶過去，大家都嫌老人家嘮叨。其實啊！他們是在整理歸檔。人在臨終前，會把過去經歷「下載」帶走，以備安排下一世的課程。

記得卡里・紀伯倫（Kahhl Gibran）在他的經典之作《先知》中有這麼一段話，他說：「我就像一條即將匯流入大海的河水，稍作停留只為回頭看看曾經流過那裡，叢林、山脈，有人煙的地方。那曾經是豐富的幾千哩生命，眼看就即將進入尾聲了，所以就像河水流入大海前的回首，我要回顧自己的一生。」

二十世紀初，德國哲學家，同時也是渥道夫（Waldorf）學校的創始人斯坦納（Rudolf Steiner）認為，人的靈體是慢慢離開肉身的，死者的靈魂會在附近徘徊三天，蒐集它此生需要學習的教訓，然後帶到下一世。

這個說法跟佛教經典所說的臨終現象非常相似，佛教認為人在彌留時，自己一生所有的經歷，都會在眼前重演一遍。這實際上就是在下載。在下次出世前，靈魂會與上天先協定好，有那些課程是「沒學會」而必修的，那些是「想學會」而選修的，然後出世再到地球這所學校來歷鍊成長。

小說的整個內容一開始就存在，可是讀者需要時間才能知道故事發展的內容，其實整個情節早就安排好了。就像你手上這本書，其實早在書本問世之前內容早就寫好了，而你在選擇它的時候，你也知道自己買了什麼書，但是你卻必須整本看完才知道書本到底在寫什麼。

人來到人世何嘗不是這樣，整個故事早就安排好了，但是我們卻必須一次又一次的閱讀，才能有所體悟，有所成長，多讀一次又比上一次體會更深，這即是為什麼我們會一再地來到人世，為的就是學習。

何權峰的幸福語錄

‧每個人來到世間的意義都不同，境遇也不同，但是目的只有一個，那就是學習。

‧每一段感情都有它存在的意義，當意義消失時這段關係也就是圓滿的。至於你是否在彼此身上學到東西，讓自己在下一次的情感中成為更好的人。這才是真正的重點。

‧任何問題都是來自「無知」，生活中每天遭遇到的困難，都與我們身體、心智和情緒上的弱點有關，都是來自我們對某些人事物的無知。課程的安排就是針對這些。

‧你會有怎麼樣的境遇，跟你的人無關，和學習有關。所以不要去抗拒，不要逃避，也不要去譴責，別去論斷，因為你不知道每一個靈魂要走的旅程。如果你了解生命秘密的運作過程，你就會了解說，原來這都是早就安排好了。

啊！該死我又少了一根手指

阿呆大喊：「阿土！我的手指被鋸斷了！」

阿土說：「真的嗎？你是怎麼搞的？」

「我只是碰了一下這個會旋轉的大輪子，像這樣叮噹！啊！該死我又少了一根手指！」

如果你不能記取教訓，像那樣的事一定會再發生，歷史當然重複上演，你其他的「手指」將再次被切斷，因為你總是學不乖。

生命在不自覺當中重複自己，你一次又一次地忘了自己，又記起了自己，忘了又記起，忘了又記起；一次又一次地忘了教訓，又記起了教訓，忘了又記起，忘了又記起，就好像輪子一樣重複地繞圈子。除非你有所覺知，有所醒悟，否則同樣的故事會一再上演，同樣的事將一再一再地發生。

沒錯，事情總是一直地重複。比方幾天前你因某件事生氣，你覺得心裡很不舒服，連睡覺都睡不好，因此你決定說：「以後我再也不要生氣了，何必這樣折磨自己？」然後，事隔沒幾天，你又生氣了，你再度心情不好，再度睡不好覺，再度後悔，於是你下定決心：「這是最後一次了，從今以後我再也不要生氣！」然後呢？或許你忍了幾天，但一個不注意，你還是生氣了，就只是一點小煙火就引爆了整顆炸彈，你又再度重複整個過程，你不但生氣，還氣自己為什麼又生氣，氣別人為什麼要惹你生氣，你看，就是這樣，你的脾氣總是一再又一再地爆發。

你一直重複相同的過程，卻從不記取教訓。你記得自己有多少次生氣的經驗嗎？你又從中學到什麼？有多少次你不想再讓自己情緒失控，而你又改善了多少？你不斷地重複同樣的經驗，但是你仍舊是那個老樣子，一點都沒變。

歷史不斷重演

不要再犯同樣的錯，這不是你一直要自己記得的嗎？但是為什麼你那麼快就忘了！你愛上一個女人或男人，然後因為那個人，你受了很多苦，你告訴自己再也不要相信任何人了！

但是才多久的時間，你又再度掉進愛的漩渦，你再度愚蠢地相信那些不切實際的話，你完全忘了上一次的經驗，因此你又再次地吃足苦頭。

你還自己騙自己，以為這次會不一樣，卻從沒有停下來想想，你一直沒變，結果又怎麼可能改變呢？

你是這麼無知無覺地活著！不斷地機械式地重複舊有的模式，不斷地跟著輪子轉，完全沒意識那才剛剛犯下的錯——就像這個笑話一樣。

阿呆大喊：「阿土！我的手指被鋸斷了！」

阿土說：「真的嗎？你是怎麼搞的？」

「我只是碰了一下這個會旋轉的大輪子，像這樣叮噹！啊！該死我又少了一根手指！」

如果你不能記取教訓，像那樣的事一定會再發生，歷史當然重複上演，你其他的「手指」將再次被切斷，因為你總是學不乖。

在美麗的史詩Mahabharata中有個故事，非常發人深省。

五個王子被趕出他們的王國，逃到森林裡去。有一天他們覺得很渴，最年輕的那個就去找水。他走到一個美麗的湖邊正要裝水時，聽到一個聲音對他說：「等等，你要先回答我三個問題，才能拿水回去。如果你答不出來，你馬上就會死。」

「第一個問題：對於人來說，最嚴重的問題是什麼？」最小的王子答不出來，就死了。

其他的兄弟也都重複同樣的狀況。一直到最大的王子到了湖邊找他的兄弟們。

他看見四個兄弟都躺在河岸旁。同樣的聲音對他說：「你若能回答我的問題，不只可以喝水，還可以拿水灑在你兄弟的臉上，救你兄弟的命。對人來說最嚴重的事是什麼？」

他答道：「對人們來說，最嚴重的事，就是人們根本不記取教訓。」

於是，他被允許喝水，並救活他的兄弟們。

正如黑格爾對歷史所作的評論：「人類從歷史學到的唯一教訓，就是人類沒有從歷史中學到任何教訓。」

最嚴重的錯誤

不能記取教訓，這的確是人類犯下最嚴重的錯誤，因為如果你不能牢記住那麼那個錯誤和教訓，它們將會一而再，再而三的糾纏你、煩擾你，這是沒有盡頭的。

你一定也聽說過，有些人的婚姻結了又離，離了又結，但似乎總是遇到同樣的人，同樣的問題，為什麼?沒錯，是因為沒有記取教訓。

我已經說過了，任何你沒學會的功課，都會以不同的面貌不斷地出現在你生命中，直到你學會這門功課為止。

如果你上輩子是個自卑的人，那你這輩子很可能會出世在一個欠缺自尊的環境，比方你的父母也是自卑的人，或者是你周遭的親友總是打擊你的自尊，好讓你學會自尊這門功課。如果你沒從他們身上學到，那你很可能會選擇類似的對象為偶，讓你繼續學習，直到你不再自卑，懂得尊重自己為止。然後，你終於可以不再遇到同樣的人，或與同樣的人結婚。

這個例子，可以擴大到你生命中所遇到的任何事件上，你會一再碰上讓你困擾的事，一再地遇到讓你討厭的人，直到你通過考驗。當然，有時這一世你沒學會，會接下一世再繼續，還有再下一世，一直重複下去，這即是輪迴。你會死去，但除非你把這一課學會，否則你將一直被送回來，重複再來一次。

這即是輪迴

在一個音樂演唱會上，台上的歌手正在唱一首歌，而在台下聆聽他歌聲的人有許多音樂家和音樂的熱愛者。

他唱完一首歌，聽眾就說：「再來，再唱一次。」於是，他又唱了一次，心裡非常高興自己這麼地受到歡迎。

當他唱完時，台下叫得更大聲：「再來，再唱一次！」他又唱了一次。當他唱完第三次時，這群人叫得更大聲。於是他說：「我還會唱其他歌呀！」

就在這時聽眾中有一個人站起來說：「除非你先把這首歌唱好，否則我們會繼續要你：再唱一次，再唱一次。」

在聖歌「奇蹟的教誨」（A course in Miracles）裡有一句詞說得一點都不錯，**所有的試鍊都不過是再次呈現我們沒有學會的功課**。所以，你將被要求再唱一次，再唱一次，直到你唱好為止，這即是我們一再一再地來到人世的目的。

轉世論相信，肉體雖死，但靈魂為了延續修業，以晉升到另一個更高的生命層次，便會藉另一副肉身，在另一個時間地點再次降生，再走一次你曾經跌倒的路，直到你不再掉到同一個洞裡。

人生道路上的深洞

以下是一篇佚名的詩，共分五章，我覺得像極了生命歷程的寫照，因此把它摘錄下來，就當作這篇文章的結尾吧！

人生五章

第一章

我走上街，
人行道上有一個深洞，
我掉了進去。
我迷失了：我絕望了。
這不是我的錯，
費了好大的勁才爬出來。

第二章

我走上同一條街，

人行道上有一個深洞，
我假裝沒看到，
還是掉了進去。
我不能相信我居然會掉在同樣的地方。
但這不是我的錯。
還是花了很長的時間才爬出來。

第三章

我走上同一條街。
人行道上有一個深洞，
我看到它在那兒，

但還是掉了進去……
這是一種習慣。
我的眼睛張開著，
我知道我在那兒。
這是我的錯。
我立刻爬了出來。

第四章

我走上同一條街，
人行道上有一個深洞，
我繞道而過。

第五章

我走上另一條街

記住，除非你能記取教訓，除非你變得有覺知、有醒悟，否則你將在不自覺當中重複掉進同一個洞裡。

何權峰的幸福語錄

- 人類從歷史學到的唯一教訓，就是人類沒有從歷史中學到任何教訓。
- 任何你沒學會的功課，都會以不同的面貌不斷地出現在你生命中，直到你學會這門功課為止。
- 你會一再碰上讓你困擾的事，一再地遇到讓你討厭的人，直到你通過考驗。
- 所有的試鍊都不過是再次呈現我們沒有學會的功課。
- 除非你能記取教訓，除非你變得有覺知、有醒悟，否則你將在不自覺當中重複掉進同一個洞裡。

有悲哀的地方，才會有幸福

當蘇格拉底因為倡導新觀念而被羅馬法庭判死刑時，他的姊姊哭道：

「他們怎麼可以這樣對待你？你又沒有做錯任何事啊！」

蘇格拉底平靜的回道：「難道妳要我真的做了什麼錯事嗎？」

他說得對，我們都知道蘇格拉底是個聖人，是個良善的好人，但是若不是遇到那些惡人和那些壞事，你又怎麼知道他是良善的好人？他又怎麼能成為大家心目中的聖人呢？

當你想成為什麼，或是想得到什麼，那些相反的東西就會出現。比方，如果你想要安靜，你將聽到許多吵雜；你想要完美，你將看到許多瑕疵；如果你想要成功，就會遭遇失敗；你想得到更多的愛，就會碰到一些不愛你或你不愛的人。整個情形就是這樣，你愈想要它變好的，但結果往往就變得愈壞。

沒有壞的就沒有好的

是的，事情在變得更好以前往往會變得更壞。

為什麼？因為除非透過那些壞的，否則你如何變得更好呢？如果沒有那些壞的，你的好又如何顯現，是不是？除非遇到你不是的，否則你要如何證明你是呢？

我這麼說，有些人聽了大概一頭霧水，那就讓我再解釋清楚一點。首先我們必須先了解，這個世界上所有的事情都是相對的，有得必有失，有生必有死，有贏必有輸、有樂就有悲、有美就有醜、有善就有惡、有好就有壞……人生萬事萬物都是相對的。

同理反推，如果沒有壞的也就沒有好的，沒有惡的也就沒有善的；沒有醜的也就沒有美的，說得更清楚一點，如果這個世界上從來沒有壞人和壞事的存在，你將無從知道什麼是好人，也無法體驗到什麼是好事；如果沒有罪惡存在，也就沒有良善；如果沒有醜的，那美也將無法存在。

換句話說，也只有在醜的對照之下，美才能被發現；唯有缺陷的存在，完美才能顯現出來。試想，如果世上所有的人都很美，每個人都完美無缺，那還會有選美嗎？要怎麼選？沒有比較醜的，也沒有不完美的，那美根本無法存在，是不是？如果每個人都完美無缺的，那美根本無法存在，是不是？如果每個人都完美無缺，你怎麼能說誰是完美無缺呢？這是不可能的。我們之所以會說誰是美麗的，是因為有醜的人存在。

美的存在必須透過醜，就好比白粉筆必須透過黑板才能張顯一樣。在白板上你無法看出白色的字，並不是說那個白字不存在，而是白字即使存在，但是少了相反顏色的對比，人們根本看不出那個白字，也無從知道你在寫什麼。這即是為什麼說，當你想成為什麼，或想得到什麼，那些相反的東西就會出現，因為除非遇到你不是的，否則你要如何證明你是呢？

這是無法避免的，要去體會需要相反的對照才能存在。生命有那麼多喜悅，那是因為有很多痛苦；白天如此美麗，那是因為有黑夜。

沒有黑暗就沒有光亮

學過繪畫或攝影的人都知道，要觀察明暗的秘訣就是找出黑暗，當你找到黑暗在哪裡時，也等於是找到光亮所在，如果你無法看到暗處，光亮也就無法凸顯出來。夜愈是漆黑，星星愈是明亮、閃爍，在白天的天空裡你無法看到星星，並不是它們消失不見，而是沒有黑夜的對照，我們是無法看到的。套句我常說的話，瞎子無法想像什麼是黑暗，除非他看得見光。

生命的道理也是一樣，如果你想感覺生命，死亡就必須存在，因為有了死亡的存在才能張顯生命，才能讓大家懂得珍惜生命。如果每個人都不會死，那誰還會在乎生命呢？反正永遠都不會死，誰會去積極迎向生命？反正永遠還有明天，又有誰會去關心浪費了多少生命？

沒有死亡也就沒有生命

就是這樣，任何你想感覺到的，與它相反的東西就必須存在。所以一個已經開悟的人，從不抗拒死亡、痛苦，也不會去否定壞人、罪人，他們甚至把那些迫害他們的人，以及讓他們身處逆境的事都看成是上天的恩賜。因為大師們明白，所有相反的事物，都只是為了讓靈魂體驗的一種對照而已；而那些干擾和阻礙，其實是為了精進靈魂所設的考驗。

人們一直在問：「何以壞事會發生在好人身上？」「如果神是良善，那為什麼世界上會有罪惡？」會有這些疑惑的人，就表示還沒弄懂整個宇宙的法則。

壞事為什麼會發生在好人身上？當蘇格拉底因為倡導新觀念而被羅馬法庭判死刑時，他的姊姊哭道：「他們怎麼可以這樣對待你？你又沒有做錯任何事啊！」

蘇格拉底平靜的回道：「難道妳要我真的做了什麼錯事嗎？」

沒有罪人也就沒有聖人

他說得對，難道你希望自己是因為做了壞事才遭到懲罰的嗎？事實上，我們都知道蘇格拉底是個聖人，是個良善的好人，但是若不是遇到那些惡人和那些壞事，你又怎麼知道他是良善的好人？他又怎麼能成為大家心目中的聖人呢？

神是良善的，但世界為什麼會有罪惡？世界上不能沒有罪惡，否則人們將無法成為良善。如果沒有罪人就不可能有聖人，這是一個銅板的兩個面，罪人愈多，聖人也就越多；如果罪人都不存在了，那麼聖人也就不可能存在。

所謂亂世出英雄，每當罪人充滿的亂世，就會產生更多的偉人、聖人，甚至出現神佛，來引領大家，來普度眾生，這是太平時期難有的殊勝，也是世上會有罪惡的原因。

再反過來看，每當會有聖人出現，通常也是人心險惡，道德淪喪的時局。一個善的力量出現，就會有惡的力量出來打擊它、批判它。所以我們可以看到每當聖人、偉人或神佛出現的時候，整個世界會製造出許多問題來為難他們。像蘇格拉底、佛陀、耶穌、克里希那，這些聖人出現，整個惡的力量就會加以反抗，為什麼？因為如果沒有這些反抗和磨難，他們也將無法成為聖人。

《後漢書》有句名言「疾風知勁草」。「勁草」是強韌的草。在風和日麗的天氣裡，我們無法區別強韌或柔弱的草。一旦颳起暴風，柔弱的草立刻伏在地上，而強韌的草在狂風吹襲下，依然昂首站立。唯有在疾風下才能知道勁草的價值。

人何嘗不是一樣。在平順的時期，往往看不出一個人的本質，只有當他遇到危機、險阻或陷入逆境的時候，才能看出一個人真正的價值。怪不得有個同事的母親提醒她：「沒有看過你男朋友遇到壓力、受到挫折，或是遭遇困難之前，千萬不要嫁給他。」這的確是個好建議，「疾風知勁草」也就是這個意思。

所以，我一點都不驚訝為什麼說事情在變好以前會變得更壞，如果沒有那個壞，又如何證明你是好的？沒有熱水去沖泡，你又怎麼知道那壺才是好茶呢？

有山峰就會有山谷，有高度就會有深度。喜樂如果是高度，那麼苦痛就是它的深度，深度有多深，高度就有多高，這是一定的道理。沒有大的苦痛也就沒有苦盡甘來的喜樂。如果你兩者都經歷過的話，你就會知道悲苦存在是為了讓你感受到喜悅，黑夜的存在是為了讓你感受到全新的白天。

沒有苦痛也就沒有喜樂

心理學家榮格（Carl Jang）曾說過：「有多少個白天，就有多少個黑夜，一年之中，黑夜與白天所佔的時間一樣長。沒有黑暗就顯不出歡樂時刻的光明；失去了悲傷，快樂也就無由存在了。」

我們應該心存感恩，不光只對喜樂的事，對苦難也是一樣，因為有了那些悲苦，你才能成長、成熟，你的人生才變得如此的豐富，因為那些苦難，你才能嚐到體會到喜樂，你才了解生命到底是什麼。

十九世紀英國作家王爾德說得對，「有悲哀的地方，才會有幸福。」

世人大多無法了解這句話的意思。然而，除非你徹底去體會這層意義，

否則一生將過得不明不白。」

生命存在相反的兩極之間。它們是同一個存在的兩個面，那就是為什麼成長是痛苦的，你必須去經歷那些痛苦，去面對那些你不願接受的，一旦你深入它們，你才有更高的智慧可以達到喜樂。

否則，你的生命是沒有深度的，你將永遠無法體會生命是什麼，你將錯過生命，錯失真正的喜樂。

何權峰的幸福語錄

- 當你想成為什麼，或是想得到什麼，那些相反的東西就會出現。
- 事情在變得更好以前往往會變得更壞。
- 要去體會需要相反的對照才能存在。生命有那麼多喜悅，那是因為有很多痛苦；白天如此美麗，那是因為有黑夜。
- 在平順的時期，往往看不出一個人的本質，只有當他遇到危機、險阻或陷入逆境的時候，才能看出一個人真正的價值。
- 悲苦存在是為了讓你感受到喜悅，黑夜的存在是為了讓你感受到全新的白天。
- 我們應該心存感恩，不光只對喜樂的事，對苦難也是一樣，因為有了那些悲苦，你才能成長、成熟，你的人生才變得如此的豐富，因為那些苦難，你才能嚐到體會到喜樂，你才了解生命到底是什麼。

風箏也是因逆風而能高飛

你知道珍珠是怎樣形成的嗎？珍珠的形成是因為蚌的內部受傷被沙滲透，蚌肉是那麼細嫩，而砂子是如此的粗硬，它必須接受無數痛苦的折磨，一次又一次，它只有從體內分泌出一種含有雲母的黏液，塗在砂粒外面來減輕痛楚，雲母乾了，再塗一層……久而久之，那粒沙就成了美麗又珍貴的珍珠。

逆境並不是為了打擊你而是為了提升你。別忘了，風箏也是因逆風才能高飛，不是嗎？

如果你有點年紀，那麼在你的生命中，必然歷經過許多的逆境，這是肯定的，只要活著，就會面臨一些困頓、傷痛與磨難，無上智慧的造物主就是要強韌我們每一個人，沒有人能例外。

當然，也唯有透過逆境的阻礙，才能豐富整個人生。正如同電動遊戲，總會安排一些障礙，讓你不斷克服困難，這即是整個遊戲的樂趣，如果一路順暢，沒有任何障礙，那將會多麼乏味啊！還有誰會有興趣去玩呢？

所以，困難是需要的，遊戲要有難度才有成就感，人生也是一樣，有逆境才會成長。

如果生命不需要任何努力，你怎麼會成熟，你怎麼會成長？若無巨石當道，又怎能激起燦爛的浪花？你將只是一灘死水在那裡發臭，那樣活著跟死了又有什麼不同？

那不是天堂

我聽過一個故事，有一個人，某天晚上作了一個夢，夢到他待在一個很美的地方，睡在一棵樹下，有陣陣的涼風吹過來，空氣中瀰漫著花香，又有小鳥在歌唱，他感到舒適無比。

他往四周一看，一切都很平和、很美，他心想：「這裡一定是天堂！」但是他覺得肚子餓，所以心裡就想：「哪裡有吃的東西？我覺得好餓。」突然間，有一個天使出現，帶著很美味的食物來，因為肚子很餓，所以他沒有問：「這些食物是從那兒來的？你是誰？」就這樣吃了。然後，他想喝水，就有另一個天使把水帶來。之後他覺得非常疲倦想睡覺，他說：「沒有床要睡在哪裡？」說著說著，就有一張床出現，因此他就睡下去。

當他再度醒來，他變得有一點害怕，這到底是怎麼一回事？現在他想做一些事，因為他覺得自己充滿了能量，所以心裡就想著：「請送一些天使來，我想找點事做。」然後就有一個天使出現，他說：「我想要做點什麼，現在我充滿能量，覺得蠢蠢欲動。」

那個天使說：「這有困難。一切你所要求的，我們都能夠提供，但是在這裡不允許做什麼，你什麼事都不能做，只能休息！你可以過得很舒適，不用煩惱任何事，不論你有什麼需要，只要吩咐一聲，就有人會提供給你。」

過了幾天之後，那個人覺得非常無聊，什麼事都不能做，每一樣東西都充分被供給，只要叫一聲就立刻送到。他終於忍不住地說：「這算是哪一種天堂？乾脆把我丟進地獄，那還更好。」

當他這樣說時，立刻有天使出現，「你認為你在哪裡？這裡就是地獄。」

如果不需要奮鬥，人生又有什麼意義？那樣的舒適根本不是天堂，而是地獄。

舒適的地獄

在我的經驗裡，那些在生命中最有成就、活得最滿足、最充實的人，都是曾歷經無數逆境的人。而那些生命中不缺任何東西，從未離開錦衣玉食的人，通常也是我所見過最空虛，無助的人。他們看起來總是灰暗無光，一副死氣沉沉的樣子，因為他們沒有什麼可以奮鬥，所以在他們還沒有死之前就死了。

在富裕的國家自殺的人遠比貧窮的國家多出許多，有錢的人也遠比窮人自殺更多。

原因是貧窮的人隨時都面臨生死的問題，所以他們必須不斷地奮鬥，不斷地努力，他們甚至根本沒有空閒去想死的問題。

這也就是為什麼上天會賜予我們匱乏、賜予我們苦難，為什麼祂不會對我們有求必應。祂為什麼不把人造得完美無缺，祂為什麼不把世界變得沒有災難，大家都無憂無慮。如果神那樣創造我們，我們不過成了個寵物，那又何必當個人呢？去當個寵物不是更省事嗎？

這世上還沒有任何成長是不會痛、不會難受的。愛會帶給人痛苦，愛會讓人很難受，因為一個人會經由愛而成長。你明白嗎？以往的每一個經驗、每一段感情，每一次心碎和痛苦的事件，都是成長所必須的。

我們或許不歡迎它們，但就像菜圃中的堆肥，它們能使土壤肥沃，讓生命更加茁壯。

富蘭克林說：「令人受傷的事會教育我們。」或許就是為什麼人們常說，人生中最痛苦的一些教訓，也是最有價值的教訓。

不幸原來是幸福

回想起過去，讓我學到最多的也是最艱辛最痛苦的那一段。出國讀書，每天必須忍受冷到抽筋的苦楚，熬夜苦讀，再則是正式成為腦外科醫師前的訓練，經常要面臨高難度和高危險的大手術，要處理手術後複雜的合併症，以及忍受面對死亡與疾病的悲戚歲月。這些日子或許只是生命一個小轉彎，但卻改變了我整個生命的視野，周遭的風景也因此大不同。

我想起國中時，我的級任古庚惠老師，她的嚴格算是出了名，尤其讓我印象深刻的是，她很喜歡考試。每天放學回家還得帶著她出的考題回家做，然後到第二天一早她就會親自驗收。老師總是不厭其煩，讓那些還不會的學生，一再反覆練習，她甚至犧牲自己的假日，到學校免費指導，就為了把大家都教會。

當時不懂，總覺得自己真是不幸，怎麼會遇到這麼「壞」的老師。前幾年，我輾轉和古老師取得連繫，大家聚在一起。老師說，「當年我一心一意想把學生教好，對你們那麼兇，你們會不會怨老師？」

我笑了起來：「一點都不，我還應該謝謝老師！」

就在那時，我突然覺得一切都明白了。今天我在某些方面之所以有「高標準」的呈現，精益求精，不畏考驗，不就是因為曾有這麼一個願意教導我、修正我的老師嗎？原以為的不幸，原來是幸福的。

比幸福更好的它師

俄國文藝評論家佛里傑說得好：「人生是一所學校，不幸是比幸福更好的老師。」是的，它還是個嚴師，因為它總是先考試再教課。但是，如果你能夠看見痛苦之後會有新的生命誕生的話，那我想你也會去選擇這樣的老師。

記得大文豪赫胥黎也說過：「**人在早年遭受幾次挫折，對生活會有極大的好處。**」人生沒有一件事是值得煩惱的，每克服一次挫折之後，你便提升了一次自我；每經歷了一次考驗之後，你便更上一層樓。

美國愛荷華州種了很多的馬鈴薯。在馬鈴薯收成之後，農人會將馬鈴薯加以分類，以不同的價格出售。他們根據馬鈴薯的體積分為大中小三類，完成分類包裝之後，裝上貨車送往各地。愛荷華州所有種植馬鈴薯的農夫們都這麼做，可是只有一個人例外。

這個農夫，從來沒有分類的問題，可是他卻獲得最多的收入。有一天，一位困惑很久的鄰居終於開口問他：「你的秘訣是什麼？」

農夫回答說：「我的秘訣非常簡單。我只是把所有的馬鈴薯裝上貨車，然後將車子開到最崎嶇的路上，在那段八英哩的顛簸路程中，體積小的馬鈴薯自然會滑到下面，中型的馬鈴薯留在中間，而較大的馬鈴薯自然會跳到最上層。」

在崎嶇的道路上，就可以分出大小，就可以看出高下，人生的道路不也一樣，路愈崎嶇愈能考驗出一個人的能力。反過來說，如果你想脫穎而出、出類拔萃，就必須接受顛簸的道路。

每克服一次就提升一層

逆境是需要的。因為只有當一個人對現況挫折，內在的成長才會發生。當你對目前的處境不滿意到極點，那時候你就會去懷疑，你才會開始走探索，也只有到那時候你開始往上提升，只有到那時候你才會奮力地一跳，將自己拖出泥沼。

當一株蓮花要成為一株蓮花，它必須通過污泥，那些污泥，就是考驗，就是生命的黑暗面。

然而，如果你逃避它，也就喪失了能幫助我們經由黑暗走向光明，經由傷害走向覺醒，經由痛苦走向喜樂的機會，也將永遠無法成為一株脫俗高雅的蓮花。

你注意過煤礦和鑽石的元素嗎？煤礦和鑽石的化學元素並沒有什麼不同，兩者都是碳，都是同一元素組成，但是煤礦卻沒有什麼價值，鑽石是如何變成鑽石的？它原本也只是一堆煤礦而已，但歷經百萬年的擠壓，結晶為鑽石。它是世界上最堅硬的東西，再沒有任何東西能摧毀它，這就是它的價值。

你知道珍珠是怎樣形成的嗎？珍珠的形成是因為蚌的內部受傷被沙滲透，蚌肉是那麼細嫩，而砂子是如此的粗硬，它必須接受無數痛苦的折磨，一次又一次，它只有從體內分泌出一種含有雲母的黏液，塗在砂粒外面來減輕痛楚，雲母乾了，再塗一層……久而久之，那粒沙就成了美麗又珍貴的珍珠。

打擊之處更堅強

在《戰地春夢》(Farewell to Arms)裡，海明威(Ernest Heminguay)在這本有關第一次世界大戰著名的小說裡，他說：「世界擊倒每一個人，之後，許多人在心碎之處堅強起來。」

一點都沒錯，生活有時會給我們打擊，但結疤的傷口與痊癒的斷骨，將比原來的更加強韌。

逆境並不是為了打擊你而是為了提升你。別忘了，風箏也是因逆風才能高飛，不是嗎？

何權峰的幸福語錄

- 逆境是需要的，因為只有當一個人對現況挫折，內在的成長才會發生。
- 愛會帶給人痛苦，愛會讓人很難受，因為一個人會經由愛而成長。你明白嗎？以往的每一個經驗、每一段感情，每一次心碎和痛苦的事件，都是成長所必須的。
- 令人受傷的事會教育我們。
- 人生是一所學校，不幸是比幸福更好的老師。
- 生活有時會給我們打擊，但結疤的傷口與痊癒的斷骨，將比原來的更加強韌。

原來是上帝在搖它

很久以前，鳥是不會飛的，因為牠們沒有翅膀。有一天，上帝把翅膀放在牠們腳邊，要牠們拾起來放在背上。起初大家都帶著觀望的態度，不願背上這雙笨重的翅膀，但是鳥兒又不敢違抗上帝的旨意，只好背上翅膀，沒想到翅膀附在背上後，當初以為只會加重負擔的東西，現在竟能使牠們飛了起來！」

負擔竟是一份禮物，誰知道？

德國作家席勒(Schiller)寫過一則童話：「很久以前，鳥是不會飛的，因為牠們沒有翅膀。有一天，上帝把翅膀放在牠們腳邊，要牠們拾起來放在背上。起初大家都帶著觀望的態度，不願揹上這雙笨重的翅膀，但是鳥兒又不敢違抗上帝的旨意，只好揹上翅膀，沒想到翅膀附在背上後，當初以為只會加重負擔的東西，現在竟能使牠們飛了起來！」

負擔竟是一份禮物，誰知道？

這是一則很有意義，也深富啟發的童話。我們生活中必需承受的負擔，不管是不得已的還是出自心甘情願的，不但不會把我們壓垮，反而能使我們飄然起飛！

上帝要送給你禮物之前，祂會用困難加以包裝。困難越多，禮物越大。上蒼深知如何為其贈品訂定合理的價值，所以千萬不要被短期的危機嚇倒，它往往是命運為你取得更大禮物所加的砝碼。

的確，危機即轉機，當最壞的情況出現時，往往也是最好的情況將要發生之際。更明白的說，困難只不過是披著面紗的機遇，然而，因為機會總是披著「困難」的面紗，因而大家都看不出是它。

披著面紗的機遇

你知道太陽能是怎麼發展起來的嗎？事情是發生在科羅拉多州與新墨西哥州交界的聖路易山谷地區。由於當地的農夫均以燃燒木柴做為主要的能源，然而地主卻把農夫們撿拾柴火的地區圍起籬笆，使農夫們無柴可燒。這群可憐的農夫在困境中找到了取代的能源，那就是發展太陽能，結果成為全世界最成功的案例。

你知道冰淇淋甜筒是怎麼發明的嗎？在聖路易博覽會的眾多攤位中，有一位先生租了一個亭子賣冰淇淋，另有一名男子則租攤位賣熱雞蛋餅。博覽會舉行期間，遊客人潮洶湧，他們的生意都好得不得了。

有一天，生意特別好，雞蛋餅攤位的紙盤用完了，結果，在整個博覽會場裡，竟然沒有人願意把紙盤子賣給他，這使他十分生氣。

冰淇淋攤老闆對其同伴的困境，似乎感到幸災樂禍，他說：「我看，你還是來幫我賣冰淇淋吧！」

雞蛋餅老闆接受了這項提議。他以折扣價格向冰淇淋攤位買進冰淇淋，再轉手賣出。

雞蛋餅老闆希望以出售冰淇淋的低利潤來彌補一部分損失。他最大的困擾，是要如何處理那些剩下的雞蛋餅原料？突然間靈光一現，一個念頭閃過腦中。他以前為什麼沒有想到呢？他確信這樣做一定有效的。

雞蛋餅老闆在妻子的協助下，做了一千個雞蛋餅，並用一塊鐵片把它們壓扁，然後，趁著雞蛋餅還熱的時候，把這些餅片捲成圓錐狀，底部有個尖端。

第二天不到中午，他就把冰淇淋全部賣完；當然，一千張雞蛋餅也全賣光了。由於他遭到紙盤子賣完的挫折，結果反而使他發明了「冰淇淋甜筒」！

如果需要是發明之母，那麼挫折便是學習之父。很顯然地，如果事情一直都正常平順，我們總是按照過去的習慣來反應，直到有一天事情出了差錯，而在那個情況你陷入了困局，陷入了真正的危機……其實那也正是真正的轉機。

危機都埋藏著轉機

任何問題都隱含著創造的可能，令某些人覺得頭痛的問題，對另外一些人而言，可能正是可遇不可求的轉機。

我聽說有一群石油公司的工人在巴勒斯坦的北方探勘油礦，但是他們越往下挖卻越失望，因為當地都是堅硬的花崗岩石，因此多日的辛勞，只換來一塊破損的機具和一連串的挫折。

他們沒有找到他們所希望的石油，但是那一大片的花崗石卻意外的成為附近一個海港所急需的建港材料。

原來預計要花費大筆的經費從外國進口的石材，竟然在不遠的地方就找到了，不單節省了許多的費用也加速了建港的工程。

引自法國作家巴爾札克《驢皮記》書中的一句話：「**惡運是一個深不可測的寶藏。**」的確，每一個逆境都埋藏一個等值或更大價值的種籽。

有次，我到阿拉巴馬的安特普萊斯拜訪友人**Porton**，他熱情地款待，並帶我四處遊覽。讓我印象最深刻的，要算是該地的精神象徵——棉花橡皮蟲的雕像。

「為什麼一隻蟲會成為你們的精神象徵呢？」我好奇地問。

Porton告訴我，原因是——在很久以前安特普萊斯的居民都是靠著棉花栽培來維生，這是一種沒有前途的農業。沒想到連續幾年，棉花橡皮蟲竟把方圓數哩之內的棉花吃光了，這兒的人都陷入困頓。

這時，有人建議，何不乾脆改種其他的作物，好吸引一些工業，結果才使這裡逐漸發展成現在所看到的榮景。若不是棉花皮蟲，到現在大家可能還是靠棉花維生。牠是這裡所有人的救星。

他接著說：「一開始我們會為遭遇的惡運懊惱不已，然而慢慢地，你將發現凡事必有正面作用的道理。不論此時此刻你對某件事感受如何，長遠來看，總是對我們有幫助的。」

拉長時間看問題

他說得對，從長遠的觀點來看你的生活，會使你把問題當成機會，事後當你回顧自己的生命時，你會發現那些不幸造成極大失意的時刻，也正是塑造你現在擁有的一切。在我們的周遭這樣的例子不勝枚舉。

以電影「美麗人生」獲得奧斯卡最佳男主角的羅貝多．貝里尼，在上台領獎致詞時說；「我感謝我的父母，他們給我最好的禮物是貧窮。」正因為窮困反而讓他不畏艱難挑戰，終於獲得無上榮耀。

有一位雙腿受傷的足球選手，在歷經雙腳殘廢的錐心之痛，後來改學習繪畫，結果在繪畫方面大放異彩，他感性地說：「感謝我受傷的腳，使我發現更有用的手。」

另有一位成功的直銷商在接受訪問時，則說道：「如果我沒被解雇，或許永遠都不可能有這個機會『開創人生』。以前我工作穩定……

我一直以為自己就此終老一生：現在我相信，上帝有時候會刻意攔住前路，讓我們轉換方向。」

他的話也讓我想起一位心靈大師說過的一段話：

「每一天都有一隻鳥會棲息在一片廣大荒原中某一棵樹的枯枝中。有一天，一陣狂風把樹連根拔起，迫使鳥兒飛了一百哩去尋找避難所——一直到牠最後來到一座果實纍纍的森林。」

然後他總結說：「如果那棵枯樹繼續生存的話，就不會有什麼情況促使鳥兒放棄自己的安全狀態而飛離它。」

有時生命的根基動搖，我們轉向上帝，這才發現，原來是上帝在搖它。

災難生成飛翔的羽翼

蘇菲教派詩人魯米寫過許多寓意深遠的詩，其中有一首我非常喜歡。

那兒的門扉
通向災難。

鳥兒繞圈的翱翔，
歌詠著自由，
他們如何學會飛翔？

它們跌落，再跌落
然後生成羽翼。

是的，當天真的很黑的時候，星星就會出現；當天真的很冷的時候，春天即將到來；當你一次一次地跌落之後，飛翔的羽翼也將生成，就像背上多了一對翅膀的小鳥，雖然負擔重了，但卻能展翅高飛，盡情享受遨遊於天地之間。

別忘了，當有一扇窗戶闔上的時候，就會有另一扇窗戶開啟。我們應該去看可能開啟的另一扇窗，而非注視業已關上的窗戶；我們應該去看災難後的可能性，而非關注災難所帶來的痛苦，這樣才對！

何權峰的幸福語錄

・危機即轉機，當最壞的情況出現時，往往也是最好的情況將要發生之際。困難只不過是披著面紗的機遇。

・任何問題都隱含著創造的可能，令某些人覺得頭痛的問題，對另外一些人而言，可能正是可遇不可求的轉機。

・「惡運是一個深不可測的寶藏。」每一個逆境都埋藏一個等值或更大價值的種籽。

・有時生命的根基動搖，我們轉向上帝，這才發現，原來是上帝在搖它。

・當有一扇窗戶闔上的時候，就會有另一扇窗戶開啟。我們應該去看可能開啟的另一扇窗，而非注視業已關上的窗戶；我們應該去看災難後的可能性，而非關注災難所帶來的痛苦。

這是好事，還是壞事？

要去辨別好運或壞運並非易事，只有到事後，有時甚至要到多年之後才能明白。你永遠料不到未來會如何，不過請相信上天會讓一件事發生，一定有祂的道理，祂是「為了你好」。

老天爺不會搞錯的，如果事情是這樣，那一定有某種目的，即使你並沒有覺知到，但那是另一回事。

一件事情的好壞，不能只看當時。今天在你看來是件好事，可能明天卻變成了壞事；相對來說，在明天看來是個壞事，很可能到了後天又變成好事。這是很可能的——

有一則故事，說有一個窮老人，他只有一個獨子和一匹馬。有一天，他心愛的馬逃出馬廄，在附近的山麓走失了。

鄰人聽到這件事，都非常同情他，「你的馬走丟了，真是不幸啊！」大家都紛紛安慰他。他卻說：「你怎麼知道這是不幸？」

果然，幾天之後，他的馬自己回來，同時還帶回十二隻漂亮的野馬。鎮上的人聽到有這麼好的事，紛紛恭喜他，「你運氣真好，現在你有十三匹馬！」老人卻說：「你怎麼知道這是好運？」

他的話言猶在耳。第二天，他的獨子在騎其中一匹野馬時，不小心從馬背上摔下來，竟跌斷了腿，變成瘸子。鄰居聽到這件意外，又對他說，「你的兒子變成跛子了，真是不幸！」但是，老人又回答：「你怎麼知道是不幸？」

果然，事隔不久，督軍到鎮上來，徵召所有健壯的青年上戰場打仗。戰爭輸了，所有的士兵都陣亡。村子裡唯一倖存的年輕人是老人他跛腳的兒子。他因為殘廢而躲過一劫。

「福兮禍所倚，禍兮福所倚」，人生的事情本來就很難預料。前陣子，讀過英國大政治家邱吉爾的一本傳記《我的前半生》，其中有這麼一段自述——

二十一歲時，我隨軍赴印度，沒想到竟因此使我右肩脫臼，也影響了我的一生。從此我再也無法像過去一樣玩賽馬、玩網球，行動也受到限制而不自由。更嚴重的是，其後我每次以臂當枕、取書、上下樓梯不慎跌倒，或是游泳時，我的右手都會突然脫臼。

這可說是大不幸，不過若將眼光放遠些，未嘗非福。福禍本來無定，實在難料。後來我在奧姆德曼打仗，因礙於脫臼，不能使用軍刀，而改用毛瑟槍，結果保住了我的生命。

福禍本難預料

記得邱吉爾還有另一段境遇，事情是發生在世界大戰期間——

有一次，他從英國到法國實地觀察戰況，結果在前線一處戰壕中接獲一封信，是位擔任將軍的老友要求見他。於是邱吉爾走了三英哩路，到信中指定的路口等來接他的車子，可是他等了近一個小時仍不見車影。

眼看又要下雨，邱吉爾只好在黑暗中徒步走回戰壕。他邊走邊罵那位粗心的將軍，心裡真是愈想愈氣。但當他回到戰壕時，咒罵聲突然停住，原來的戰壕消失了，就在他離開的五分鐘之後，一顆炸彈落下來摧毀了戰壕，戍守的士兵也都被炸死。

邱吉爾後來在文章中寫道：「突然間，我對那位將軍的怒火完全熄滅，所有的牢騷也在瞬間化為烏有。」

他的經歷也讓我想起了一段往事，幾年前有家醫療集團曾與我談過合作的計畫，由於遠景看好，所以我也非常心動，沒想就在我們談到最後階段，對方突然增加許多額外的要求，而後，在我分析利弊後還是決定放棄，當時心情變得很沮喪。

沒想到，幾年之後，這家集團不但營運不善，跟預期相差甚遠，而且股東們還鬧得很不愉快。

「還好！當時沒有談成。」，我心裡暗想，否則現在不就慘了嗎？

原以為自己可能錯失良機而沮喪不已誰能料到現在反而為此慶幸不已。作家梅樂．雪恩（Merle Shain）說得對：「大多數的人總會為了某人或某事而傷心落淚，如果我們當時便能清楚狀況，我們反而慶幸自己的好運。」

你一定也聽過這樣的事，比方說，延誤了時間反而躲過一場車禍，失去了工作反而創造事業第二春；被愛人拋棄了反而找到真愛；或是犯了大錯，生了重病反而得到重生。

所以根本沒有什麼事是絕對的好的或壞的，也沒有絕對的對的或錯的。就像最近我看見一篇報導，如州有個男子贏了九百萬美元的樂透彩券，原因竟是他記錯了結婚週年紀念日的日期，結果填錯了號碼。你說，他是錯還是對？

在寫稿子時，有隻螞蟻正巧爬到我的書桌上。我用力一吹，把螞蟻吹落地上。如果從這隻螞蟻的觀點來看，這遭遇或許是壞運氣，是不好的經歷，然而說不定，牠反而因此在地板上發現餅乾屑，或是爬到較易覓食的廚房或餐桌上。你說這遭遇是好還是壞？

誰都不知道？說不定那隻找到美食的螞蟻，到處呼朋引伴，反而引起女主人的注意，結果被「就地正法」；同樣的，那位中了彩券的老兄，也很可能因為發了大財，而引起別人的非份之想，甚至招來殺身之禍也說不定。

要去辨別好運或壞運並非易事，只有到事後，有時甚至要到多年之後才能明白。你永遠料不到未來會如何，不過請相信上天會讓一件事發生，一定有祂的道理，祂是「為了你好」。

是的，每一件事都是為了你好，所以發生在你身上的每件事也都是好事，這個認知非常重要。老天爺不會搞錯的，如果事情是這樣，那一定有某種目的，即使你並沒有覺知到，但那是另一回事，你只要學會接受，一切順其自然，那麼等到事過境遷，當你再回過頭來看，你就會發現——所有事都是好事。

一切都是好事

就像叔本華說的，當你回顧一生時，它看似規劃好的劇情，但當你身歷其境時，卻是一團亂，只是一個接著一個而來的意外。事後你再回顧它時，卻是完美的。

懷疑嗎？沒關係，讓我說個故事給你聽——

話說有個大臣因智慧非凡而深受國王寵信。智慧大臣擁有一項與眾不同的特長：他總是抱持積極樂觀的想法。也由於這種態度，的確為國王化解許多難題，因而深受國王的器重。

國王熱愛打獵。有次在追捕獵物時，不幸弄斷了一節食指。國王劇痛之餘，立刻召來智慧大臣，徵詢他對這件斷指意外的看法。智慧大臣仍一本作風，輕鬆自在地告訴國王，這是一件好事，並勸國王往積極面去想。

國王聞言大怒，以為智慧大臣在幸災樂禍，即命侍衛將他關到監獄。

待斷指傷口癒合之後，國王又興沖沖地忙著四處打獵。卻不料禍不單行，竟帶隊誤闖鄰國國境，被叢林中的野人埋伏活捉。

依照野人的慣例，必須將活捉的這隊人馬的首領獻祭給他們的神，於是便抓了國王放在祭壇上。正當祭典儀式開始，主持的巫師突然驚叫起來。原來巫師發現國王斷一截食指；而按他們部族的律例，獻祭不完整的祭品給天神，是會受天譴的。野人連忙將國王解下祭壇，驅逐他離開，另外抓了一位同行的大臣獻祭。

國王狼狽地回到朝中，慶幸大難不死。忽而想起智慧大臣所說：斷指確是一件好事，便立刻將他從牢中釋出，並當面向他道歉。

智慧大臣還是抱持他的積極態度，笑著原諒國王，並說一切都是好事。

國王不服氣地質問：「說我斷指是好事，如今我能接受；但若說因我誤會你，而將你關在牢中受苦，難道這也是好事？」

智慧大臣笑著回答：「臣在牢中，當然是好事。陛下不妨想想，今天我若不是在牢中，陪陛下打獵的大臣會是誰呢？」

送上門的福，有時不是福；接二連三的禍，可能不是禍。所謂：「塞翁失馬，焉知非福」，人生禍福、好壞、對錯本來就很難預料，你只要記得任何發生的都是好事，那就不會錯了！

何權峰的幸福語錄

- 一件事情的好壞，不能只看當時。
- 只要學會接受，一切順其自然，那麼等到事過境遷，當你再回過頭來看，你就會發現——所有事都是好事。
- 當你回顧一生時，它看似規劃好的劇情，但當你身歷其境時，卻是一團亂，只是一個接著一個而來的意外。事後你再回顧它時，卻是完美的。
- 「塞翁失馬，焉知非福」，人生禍福、好壞、對錯本來就很難預料，你只要記得任何發生的都是好事，那就不會錯了！

來是偶然，走是必然

你知道嗎？當你在看這本書的時候，有人剛發生不幸，有人正在急診，也就在這一刻，有人剛剛死亡，也有人正在悲哀哭泣。

昨天，全世界約有二十萬人離開了人間，更有上百萬人，在死亡邊緣徘徊。他們氣數已盡，也許明天再也不會醒來。

朋友的妻子最近死了，留下兩個懞懂的小孩，和親人的不捨。一個好好的人怎麼就這麼走了？親戚、朋友、家人，每個人都感到震驚，難過。所談的都是為什麼會這樣？她還那麼年輕，孩子還那麼小，她又沒做什麼壞事，為什麼？當然，這種疑問是很難得到答案的——天知道為什麼？

情況或許不同，但人們的質疑卻總是千篇一律。生命中似乎沒有任何人、任何時機，適合發生任何不幸。

我們總期待自己擁有絕佳的健康，從不出差錯的生活，凡事順心，一切如意。一旦災難降臨，就會質疑上天「為什麼？」

事實上，生命一直是如此，生命是無常的。每天穿梭在急診室、手術房、加護病房之間，我看過太多的無常，有車禍、中風、心臟病突發⋯⋯。這些人一早醒來，原本就跟你我一樣，過著平常無奇的生活，誰知道災難就這樣發生——早上還好好的人，他的談笑猶在耳際，但現在已是天人永隔。

生命無常

不是有句話嗎？「想不到者，謂之意外。」生命中確實充滿了變數，災難隨時都可能發生，然而由於我們一直抗拒，不願接受這世界本然的樣子，因而給自己創造出痛苦和悲慘。

以前，有一個家庭，男主人因病亡故。他的妻子想起先生在生前對她的話，愈想愈悲傷，簡直到了痛不欲生的地步。

她按照當地的習俗把丈夫火化之後，埋進墳墓裡，然後每天做許多精緻美味的飯菜，拿到墳前去祭拜丈夫。

她每次都在墳前痛哭流涕，不能自已。一面哭一面說：「親愛的丈夫啊！你吃一點吧！」

由於她每天無心勞動，時間全用在祭奠丈夫身上，眼看家產就要被用光。有一個牧童看到這種情景，便找一頭死牛，搬到墳地。看見那個婦女前來祭拜丈夫，便割下許多嫩草，放在死牛面前，跪在那兒苦苦哀泣起來。一面哭一面說：「親愛的牛啊，你再吃一點吧！」

那個婦女見到這種情形，便對牧童說：「你是誰家的孩子？牛都已經死了，無法再復活過來，你趕快回家報告你父母便是了，在這裡痛哭有什麼用？真是個傻孩子！」

那位牧童回答說：「我一點也不傻，我的牛剛死，我多叫牠幾聲，也許牠還能活過來，妳的丈夫死了許多日子，已經火化埋葬了，妳還哭著讓他吃東西，你才傻哩！」

那婦人聽了有如當頭棒喝，這才一改往昔頹廢的心情，恢復了正常的生活。

佛祖的開示

這則故事讓我想起了一段佛祖的開示，或許你也聽過——

在印度有一位孤寡的母親，膝下只有一子。這位母親對於獨子疼愛有加，並把未來都寄望在兒子身上。

有一年，村落流行一場瘟疫，寡母鍾愛的兒子不幸地也死於這場疾病。傷心欲絕的母親不能接受這個殘酷的事實，每天摟抱著氣絕已久的孩子，號啕大哭。

從此婦人就像瘋子一般，碰到任何人便哀哀祈求：「我的孩子死了，天哪！誰能救救我的孩子？」

可憐的婦人活在喪子的悲痛之中，哭斷柔腸，街坊鄰居都愛莫能助，不知如何來幫助她。

直到有一天，佛陀到此地宣教說法。許多村人不忍婦人沉淪在痛苦的深淵，把婦人引到佛陀的座前，希望佛陀給她一些啟示。佛陀慈悲地看著婦人說：「婦人家！妳只要找到一樣東西，我就有辦法救活你的孩子。」

絕望中的母親聽了之後，懷著無限期盼的眼神對佛陀說：「佛陀！只要你能救我的孩子，任何東西我都願意去找！」

佛陀告訴她：「妳到鎮上去，帶一些芥菜籽回來，但這些種子必須來自一戶家裡從沒有人死過的人家。」

這婦人非常高興，這並不困難，因為整個村莊都在種芥菜，每戶人家都有滿滿的芥菜籽。她從一戶人家衝進另一戶人家，興奮地以為她的兒子會再復活。

一整天下來，她叩門問了每一戶人家，但每個人都說：「我們可以給妳任何妳要的芥菜籽，但它們是沒用的，因為我們並不符合這個條件：我們家曾經有人死過——甚至有的還死去很多個。」他們有的是死了父親、有人是母親、有人是祖父母，有人是兄弟姊妹，有人是兒女……就是找不到一戶家裡沒有任何人曾經死過的人家。

佛陀於是開示說：「妳終於明白，任何人家沒有不曾死過親人的道理。世間上一切的萬法，有生必有死，這是自然的法則。因此你兒子的死亡，也是一種必然的實相。」

誰能保證下一刻還在？

的確，來是偶然，走是必然，這就是生命。

徐志摩的一首絕唱「偶然」——

「我是天空的一片雲，
偶爾投影在你的波心。
你不必驚訝，

更無須歡喜，

在轉瞬間消滅了蹤影。」

就像浮雲一樣，來來去去，生滅生滅，生命不就是這樣嗎？

其實，死亡並不是在最後才發生，它已經在發生，只是不知道什麼時候，用什麼方式，找上我們。

你知道嗎？當你在看這本書的時候，有人剛發生不幸，有人正在急診，也就在這一刻，有人剛剛死亡，也有人正在悲哀哭泣。

昨天，全世界約有二十萬人離開了人間，更有上百萬人，在死亡邊緣徘徊。他們氣數已盡，也許明天再也不會醒來。

俗語說：「墳墓裡埋的是死人，不是老人。」誰又能保證自己下一刻安然健在？

戰國時，齊景公帶了晏子、史孔、梁丘璩等，一起去遊牛山。齊景公東望西看，不由感慨地說道：「我國境內美景真多，可惜人生太短了！」說著說著，眼淚就流了下來。

於是，史孔、梁丘璩也跟齊景公哭了起來。可是晏子卻大笑不止！齊景公詫異問：「我們正為人生苦短而悲泣，你為何這麼快活？」

晏子回答：「如果人生不是如此短促，前朝代的大王現在還活著呢？那麼就沒有機會讓您登上王位了！」齊景公如夢初醒，立刻停止了哭泣。

沒錯，這世界上最有權力的人會死、最有錢的人會死，漂亮迷人的明星偶像會死，聰明絕頂的天才也會死，甚至連你信仰的神佛都會死。在生命中，除了死亡是確定的，其他的每一件事都不確定。它們可能發生，也可能不會發生，只有死亡是確定會發生——不管你是否接受，總有一天都會輪到的。

所以，死並不是問題，問題在你是怎麼看待死亡的？你想過嗎？既然死是「不可避免」事，那我們何不轉換另一個角度來看待死亡？

死亡並非不幸

死亡對死者來說其實並非不幸，因為生命是用來學習和經歷考驗的，所以當有人平靜或沒有病痛地離開人世，我們應替他慶幸，因為他是幸運且圓滿的。就算是帶著痛苦離開人世，我們仍應感到欣慰，因為他已經歷過考驗，也已經脫離苦海，不用再繼續受苦了，那不是很好嗎？

人們總捨不得所愛的人離去，卻很少想到也許他離開了會比留下來更好，讓一個人拖著「不快樂」或「沒價值」的生命在活，延長的並不是生命，而是「死亡的過程」，這樣的「生命」又有什麼意義呢？

靈魂很清楚到人世的目的是要進化，如果無法透過這個肉身而更進一步演化的話，靈魂就會離開。然而，由於死亡對醫護人員，對親朋好友來說，是非常不被接受的，所以他們往往利用人們不注意時才偷偷地離去。

你有沒有注意過，死亡多半是等屋內無人時才發生？有些人會選擇在深夜裡不告而別，有人則會告訴親人「我很好，沒事的，早點去休息。」或「去吧！去吃點東西，去睡個覺，別擔心，快去！」然後等人一離開，他也跟著離去。（活下去是為了別人，連死都要考慮到別人，還真累！）

我了解，當我們失去所愛的人，都會感到心痛與不捨，反而為死者帶來更多的痛苦和牽絆，為什麼不讓他們帶著祝福，無牽無掛，安心平靜地離去？

幫助死者放手離去

英國作家勞倫斯（D.H.Lawrence）在詩作「心靈之日」（All Soul's Day）中懇求生者：小心啊！對死亡要溫柔，因為死亡並不容易，即使那門是開著的，穿越那道門仍舊相當困難。

噢，全心全意，再給死者一次機會！讓他們像離港的水手，滿載著愛離去。

我覺得我們應該做的，是幫助一個痛苦的人放手而去，而不是讓他繼續受罪，還得為你的傷悲而擔心。其次，逝者已逝，傷心難過也該適可而止。畢竟，若然他有知，這絕非他所樂見的，不是嗎？試想，如果是你比他先死，那麼現在傷心難過的人會是誰？是他，對嗎？而你會樂見他變得如此嗎？

幽默大師林語堂，當他在七十六歲突遭喪女之痛，妻子問他：「我還活著幹什麼？」

他答道：「活著就要快樂啊！」

他說的對！生與死均非我們所能左右，因此在這兩者之間，一定要好好的活才對。

何權峰的幸福語錄

・死亡並不是在最後才發生，它已經在發生，只是不知道什麼時候，用什麼方式，找上我們。

・在生命中，除了死亡是確定的，其他的每一件事都不確定。

・人們總捨不得所愛的人離去，卻很少想到也許他離開了會比留下來更好。

・靈魂很清楚到人世的目的是要進化，如果無法透過這個肉身而更進一步演化的話，靈魂就會離開。

・生與死均非我們所能左右，因此在這兩者之間，一定要好好的活才對。

盛宴終有散席的一刻

當你執著的時候，執著本身就是一個難題，問題不在於你執著什麼。

不管是錢財、名位、感情、欲望這些原本都沒有什麼不好，不是錢財讓你貪婪，不是名位讓你墮落，不是感情讓你瘋狂，不是欲望讓你痛苦，真正的原因是執著。

明白了嗎？你之所以會為某人或某事受苦，那是因為你太執著了。

這個世界為什麼會有這麼多挫折和痛苦——因為每個人都期許可以永久，人們常有一種錯誤的認知，以為已經擁有的，就理所當然地會一直保有它們，所以一旦失去了，總是無法接受，甚至痛不欲生。

事實上，人生在世就是不斷的失去，只要擁有的，就代表著可能會失去。隨著年紀漸長，我們失去了青春、身材、健康，失去了工作，失去孩子的純真，失去了夢想，接著死神帶走我們的祖父母、父母、兄弟、伴侶、朋友，我們失去曾經和我們朝夕依偎的人、事、物，而後我們失去了我們的軀體，回歸靈魂的世界。

痛苦的根源

活著，就必有所失。這是真實人生的一環，所有你擁有的一切總有一天都會離開你，只是時間早晚的問題。沒有一件你喜歡的東西可以永久持有，也沒有一件可以帶走。

然而，問題就出在我們不肯放下。我們放不下我們的孩子、放不下丈夫、妻子、放不下房子、錢財；放不下握在手中的一切。就像莎士比亞有一首十四行詩說的：「**我因擁有害怕失去的東西而哭泣。**」

這種對關係的執著，對肉體和外物的執著，即是整個痛苦的根源。為什麼要執著？因為我們害怕未知，所以對已知總是緊抓不放；我們害怕一無所有，所以執著於事物；我們害怕自己什麼都不是，所以執著於自我。

第七世紀佛教中觀學者月稱（Chandrakirti）即寫道：「**我們首先執著『自己』為『我』，然後執著『事物』為『我的』，彷彿水車般在婆**

娑世界輪迴不已。」

你執著於自我，並把擁有的一切看成是「我的」，不斷累積屬於「我的」資產，「我的」房子、「我的」孩子、「我的」妻子、「我的」車子、「我的」名字，同時也累積了一堆「我的」想法、「我的」觀點、「我的」認知。你被「我執」所監禁，受了很多苦，但你畢生被教導說，它是有價值的，所以你就抓著不放，你越執著，就愈痛苦。

你會說：「這是我的車子」，「這是我的孩子」，當你說這是『我的』車子時，你就被車子所控制了不是嗎？當你的車子被碰到、被刮傷，或有人貼廣告，把你車子弄髒，你就會不高興對嗎？當你說這是『我的』孩子時，你就執著於他，你的快樂、痛苦、善悅、悲傷都受制於他，不是嗎？

我們所有的痛苦不都環繞著我、我、我：「我的工作、我的孩子，我的先生，我要這，我不喜歡那……」當「自我」，那個你一直珍惜和保護的「我」受到威脅，或是得不到想要的，痛苦就會升起，這不就是因我執而受苦嗎？

印度大乘佛教寂天菩薩(Shantideva)認為我們所執著的「我」即是惡魔，他說：

「世間一切暴力、恐懼和痛苦都來自我執。這個惡魔對你有什麼好處？如果你不放下『我』，你的痛苦將永無止期。正如你不放下手中的火，必然阻止不了火燒到你的手。」

記住，當你執著的時候，執著本身就是一個難題，問題不在於你執著什麼。不管是錢財、名位、感情、欲望這些原本都沒有什麼不好，不是錢財讓你貪婪，不是名位讓你墮落，不是感情讓你瘋狂，不是欲望讓你痛苦，真正的原因是執著。是的，是執著，是你執著於錢財名位，是你執著於那個人、那個東西，才讓你痛苦。欲望並不是痛苦的根源，執著才是。

明白了嗎？你之所以會為某人或某事受苦，那是因為你太執著了。有什麼好執著的呢？我們來的時候是兩手空空，我們走的時候也是兩手空空，根本沒有一樣東西可以帶走，就連自己的身體都帶不走，又有什麼放不下的呢？

到頭來都是一場空

死亡會帶走所有你累積的一切——你的錢財、你的名聲、你的最愛，讓你什麼都不剩。你「急汲忙盲」所追求的一切，不過是場自日夢，到頭來都是一場空。我們費盡千辛萬苦，只為了終將會失去的東西。但是大家都太投入，太置身其中，以致看不出這樣的生命有多可悲。

所謂：「世事莊周蝴蝶，富貴一場春夢。」人生就像一場夢。問題是，「夢中之人」卻完全不知是「夢」，還那樣認真地想要這個、想要那個、得到就笑，失去就哭。正如莊周夢蝶；人生最大的迷惑，也就是身在虛幻的夢中而又不自覺。

我聽說，有位太太一連生了幾個女兒後，她一直很想能生個兒子。有一晚，她夢見自己果然生了個兒子，又可愛、又聰明，她高興得如獲至寶，每天小心呵護，悉心照顧。這樣經過了五年，突然那個孩子竟發生意外死了，她哭得好傷心……結果哭著醒來，啊！這原是夢啊，所以她覺得很慶幸，如果真的生個兒子，五年後卻死了，那怎麼受得了呢？

在唐朝，有一個叫李公佐的進士，也寫過一篇短篇小說叫《南柯太守傳》，大意如下：

淳于棼某天因酒大醉，兩個朋友扶他上床睡覺。至此，淳于棼作起夢來了，他到了一個叫大魂安國的地方，國王待之以厚禮，並把公主嫁給他，後封他為南柯太守。

他一共做了三十年，政績卓越，人人稱頌。先後生了五男二女，家庭生活美滿幸福。之後又升高位居大官，威赫一時，炙手可熱。但後來因和外族大戰失敗，公主又死，因而失寵，國王便遣他返鄉。這時，淳于棼醒了，一看，兩個好友還在榻旁洗腳呢！他因此領悟人生如夢，富貴虛幻的道理。

能捨才有福

現在你在這裡，不久你將會不在，你一樣會變成一堆塵土，變成明日黃花！就像千古風流蘇東坡所吟：

萬事到頭都是夢，

休，

休！

明日黃花蝶也愁！

花開花謝，原來是這樣真實，又是那樣虛幻。紫禁宮殿仍輝煌，但歷代的君王，現在又在哪裡呢？

作夢是「迷」，醒來則是「悟」。當你知道你所執迷的不過是幻夢空花，就不該再執悟不悟。

是啊！既然到最後，沒有一件你喜歡的東西可以永久持有，也沒有一個你喜歡的人能抓著不放，那麼就應該勇敢地及早面對生命裡大大小小、形形色色的「失去」，失去金錢、失去感情、失去東西、失去親人。

盛宴終有散席的一刻，能捨才是最大的福氣啊！

何權峰的幸福語錄

・人生在世就是不斷的失去，只要擁有的，就代表著可能會失去。

・所有你擁有的一切總有一天都會離開你，只是時間早晚的問題。沒有一件你喜歡的東西可以永久持有，也沒有一件可以帶走。

・欲望並不是痛苦的根源，執著才是。

・我們費盡千辛萬苦，只為了終將會失去的東西。

・盛宴終有散席的一刻，能捨才是最大的福氣啊！

爲什麼會死的不甘心

為了那些想得到的，你患得患失；為了那些不想失去的，你怨天尤人，甚至為了一點小事你就跟人爭執吵架，氣急敗壞，這就是你的生命嗎？你活在衝突、痛苦、焦慮，這就是為什麼你會怕死，因為你根本就沒有活過。

如果你真正活過，你將可以沒有遺憾地走，這是很簡單的道理！如果你能好好的吃，你將感到飽足；如果你能好好的喝，你將不再口渴；如果你能好好的活，你就不會恐懼死亡。

大多數人死的時候都不是走得心甘情願，他們並不想死。這點不難理解，因為他們並沒有真正的活過，怎麼生命就這麼結束，當然不甘心。

很多人在臨死前，常會對自己的一生感到莫大的追悔，覺得白活了，如果能重新開始，他一定過「完全不一樣」的生活。然而現在一切都晚了，死神正在敲門，時間所剩無幾，他才赫然驚覺自己還沒有活過。

所以，當人們說害怕死亡，其實真正害怕的是，自己還未真正活過。否則死亡將是一個美好的結束，一個完美的句點，就像學業結束的畢業典禮，這有什麼好怕的呢？

你從來沒死過，你怎麼會怕？怎麼會害怕你從未碰過的東西？你怎麼會害怕你不知道的東西呢？要害怕某個東西至少也要先知道它，對嗎？

所以事實上你並不是在害怕死亡，而是在害怕其他的東西，你從來沒有好好活過，因而才會對死亡產生如此的恐懼。

你是怎麼活的？

你曾想過你的生命嗎？這幾十年來你是怎麼活的？每天朝九晚五的上班，或日出夜歸地工作，就為了賺更多的錢，得到更高的權位，汲汲營營世俗眼中的成功，追求外在誘人的物質享受，然後呢？然後你還是空虛，還是不快樂，不開心，不是嗎？

為了那些想得到的，你患得患失；為了那些不想失去的，你怨天尤人，甚至為了一點小事你就跟人爭執吵架，氣急敗壞，這就是你的生命嗎？你活在衝突、痛苦、焦慮，這就是為什麼你會怕死，因為你根本就沒有活過。

如果你真正活過，你將可以沒有遺憾地走，這是很簡單的道理！如果你能好好的吃，你將感到飽足；如果你能好好的喝，你將不再口渴；如果你能好好的活，你就不會恐懼死亡。

死亡是你一生的縮影，也是你整個生命的最終陳述，你是怎麼活的將會顯示在你的死亡。印度有句格言：「觀看一個人怎麼死去，你將知道，他是怎麼活的。」

我們現在是什麼樣的人，過什麼樣的生活，有什麼樣的態度，死時也就這個樣子。就像米開朗基羅所說的：「如果生命是愉快的，死亡應該也是，因為兩者都來自同一雙手。」

換句話說，如果你活得很痛苦，那你死的時候，必然也是痛苦的；如果你老是擺一張臭臉，那死的時候也必定是一張臭臉，這是必然的。因為他們是同一張臉，不是嗎？

如果你去看周遭人們的臉，你就會了解怎麼回事，活著卻老繃著一副死臉，這也叫活著嗎？

死氣沉沉的，這那算活著，我看成千上萬走在街上的人倒像一群僵屍，他們已經死掉，你在他們的眼神裡看不出生命在流動，頂多是拖著生命在走，那並不是真正的活著。

怪不得人們會去期待下輩子。他們跑神壇、跑廟宇，一座拜過一座，而且愈上年紀的人就走得愈勤，因為死亡的陰影更接近他們。生命對他們來說是無趣的，所以他們對死亡更有興趣。他們忙著死後的天堂，以致忘了該怎麼活，因而把日子過得像地獄一般。

事實上，何必等到下一輩子呢？下輩子就不同了嗎？現在我就可以告訴你，下輩子還是一樣的，因為下輩子是來自上輩子，你生前怎麼樣，死後也就這樣，它只是一個延續，你死前的狀況將會決定下一次的出生。

這就好比，在睡覺前你看了一部電視影集，你剛好看到一段非常悲慘的劇情，但你沒看完就去睡覺，那當明天你繼續看下去時，劇情必然也是悲慘的，不是嗎？

下一世還是會一樣

其實，我們每天睡覺都是一個小死亡，當你過完一天的時候，你是帶著什麼樣的心情入睡，也就帶著怎樣的心情起床，如果你在睡前心情不安、焦躁、失眠，腦子都是垃圾，那你的明天又會有多好的開始？你將繼續扛著昨天的垃圾，不是嗎？

下一世是延續你的上一世，如果你的一生，充滿怨懟、野心、欲求、憤恨，那你的下一次轉世，也就會重複同樣的問題，你將會有相同的經歷。

正如托爾斯泰所說的：「當你想到死後的靈魂會如何時，也要想想當前的靈魂有過什麼樣的經歷。如果你打算去某地，其實你也從某處來。」我們眼見的日落其實也正是日出的開始。

所以我說，要緊的是現在，是你今天的所作所為。要緊的不在於降生的來世。因為來世的種籽是今世播下的，今天播什麼種，明天就會結什麼果。你要關心的是你的情緒，你的貪慾、殘暴、執著，憎恨是否修正了？如果你相信輪迴，相信下一世，那麼你需要關心的應該是這些。

每當有人過世，你會感到難過。但你想過嗎？你是為了那個死去的人難過，還是在為你自己難過？事實上，你很可能在為自己難過，因為每一個死亡都會讓你意識到你也會死，而死亡會帶你到哪裡，你一點都不知道，對嗎？這也就是為什麼人們總是祈求死後能上天堂，卻沒有人願意死的原因。

人生最糟的事

死亡對你而言是恐懼的，因為你從來不知道生命，你總是虛度它。每個週末，我們奇怪一個星期怎麼就過了；每個除夕夜，我們感歎怎麼一年又不見；去爬個山，才發現體力大不如前；看到白髮，這才驚覺自己老了，已經四十歲，五十歲或快老掉牙了，卻怎麼也想不起來，日子是怎麼消逝的！

更糟的是，你還有許多事還沒去做，還有許多夢想沒去達成，你甚至還沒有真正活過，就要死了，這難道不可怕嗎？人生最糟的事並不是死亡，而是錯過生命。

想想看，你的一生是怎麼過的——

年少時，凡事都得聽大人的，無法自己作主；長大後，卻必須面對升學競爭、工作壓力，以致身不由己；接著戀愛又陷入感情的糾葛纏綿中，不能自拔；好不容易掙脫出來，結了婚卻又發現婚姻生活困難重重；直到做了父母，又開始為孩子「做牛做馬」，奔波勞碌；等到孩子長大了，人也老得差不多時，才突然發現，正想停下來好好喘口氣，可是，怎麼身體變得上氣不接下氣，眼看生命就要結束了？

所有人的生命都是那麼相似——從小便期待長大，長大後期待愛情、婚姻、孩子，有了孩子後又渴望他們快快長大。然後，上一代的故事又在下一代身上重演，如果這一世過的不好又期待下一世。

人生難道就只能一連串的等待與期待，或是無奈嗎？總還有一點什麼別的吧！

你是否了無遺憾？

親愛的朋友，不論你今年幾歲，我希望你能跟我一樣經常想一想——這輩子你做了些什麼？什麼樣的生活才是你所渴望的？你想做的事都做了嗎？你有沒有好好笑過或真正快樂過呢？生命行至今日，有沒有欠缺什麼而感到遺憾？

你可以這樣問問自己？當生命終了時，你會不會希望自己曾經是以另一種方式過活？那為什麼不現在就這麼過呢？

臨終的人常教我們很多課題，其中最讓人訝異的是生命並非在得知將死時便結束了，反而從那一刻才開始。當人們得知自己得到絕症，所剩時間無多？才開始懂得珍惜生命，才知道要盡情地活。

有人說，葬禮是為活人而舉行的。它能提醒我們生命有限，要好好地活。是該有人常常告訴我們，來日無多，想做什麼，現在就去做吧！否則你可能會抱憾終生。

死者的末了是生者的未來。你有什麼該去做、想去做，又還沒去做的事嗎？現在就去做吧！別到了為時已晚才走的不甘心。

人生沒有彩排，無法試演。所以，在美麗的花朵凋謝前，盡情的聞聞它的芳香吧。

何權峰的幸福語錄

• 當人們說害怕死亡，其實真正害怕的是，自己還未真正活過。

• 死亡是你一生的縮影，也是你整個生命的最終陳述，你是怎麼活的將會顯示在你的死亡。「觀看一個人怎麼死去，你將知道，他是怎麼活的。」

• 有人說，葬禮是為活人而舉行的。它能提醒我們生命有限，要好好地活。

• 死者的未了是生者的未來。你有什麼該去做、想去做，又還沒去做的事嗎？現在去做吧！

只有到失去了，你才會懂

「假如你曾經追尋到幸福，你可以了解，那就像一個老婦人急著尋找她遺失的眼鏡，卻發現它好端端架在自己的鼻樑上。」那些到處找尋幸福的人，是把幸福遺忘的人。

要知道某個東西的存在，你必須先失去它。除非你失去了它，否則你很難覺知到它的存在。

你是否曾經觀察過一個簡單的事實？唯有當你身體出現毛病的時候，你才會注意到你的身體。

你能夠指出你的肝臟的或胰臟的位置嗎？通常是不能，除非它們不對勁了，你才能感覺它們的存在，對嗎？

你曾感覺到自己在呼吸嗎？除非你的呼吸出了問題，感冒、鼻塞、呼吸不順、快要斷氣，否則你不會注意到你在呼吸，對不對？當你非常健康整個身體都運作正常，你就會忘了身體的存在。

要知道某個東西的存在，你必須先失去它。藉由失去，它們才能被感覺到。

只有在失去健康的時候，你才能感覺到健康的重要；只有在停水停電的時候，你才會感覺到有水有電真好；只有在失去所愛的時候，你才會發覺到對他的愛。

有位作家曾追憶道，在他父親死後，死去的父親反而比他生前在世時，顯得更加舉足輕重。「當他在世的時候，」作家說，「他並不真的存在我的生活裡。我總是忙於工作，幾乎不曾察覺到他的存在。」

當雙親有人過世後，許多子女似乎才發覺已故父母在世時的美好。這是個普遍的事實，人們總要到失去了、沒有了，才知道，才發覺到曾經擁有的幸福。

如果你從來沒有失去過，如果他們一直都在那裡，你很自然地會將它視為理所當然，以至於忘了他們的存在。

失去了才發覺到

你有沒有發現，當你失去某些東西，或是缺乏某些事物時，你會念念不忘；然而一旦擁有了之後，你就忘了它，你就視而不見。

如果你談過戀愛，你就會明白怎麼回事。戀愛之初，一切尚未確定之前，你們是這樣的念著彼此，即使對方的一句問候、一通電話，一份小禮物都能讓你雀躍不已。

但是，一旦關係確立，或是結了婚之後，那些關心、電話、禮物以及一切都變得如此的「理所當然」，你就開始覺得說，「這沒有什麼嘛。」

你的女人幫你洗衣、打掃、煮飯，還要照顧難纏的孩子，你有感激過她嗎？還是覺得沒有什麼？我並不是說你一定要把你的感謝說出來，而是你不該把她的付出和努力，看得那樣的理所當然，那並不是原本就該她做的，而是為了你，為了這個家，你知道嗎？

妳的男人為妳去賺錢，早出晚歸，為了你們的將來拚死拚活，妳有感謝過他，肯定過他嗎？如果妳認為那是一個男人本來就應該做的，那妳就錯了，就我的了解許多男人就光知道會享樂而已，其他的事他才不管，是誰告訴你男人就該工作？

如果你們彼此都把對方所做的一切都看得那麼理所當然，又怎麼可能珍惜彼此？你又怎麼可能覺得自己是幸福的呢？

為什麼會不幸福？

人生最大的不幸，就是不知道自己是幸福的。我們很少想到自己擁有什麼，卻總是念念不忘自己欠缺什麼，所以上天為了賜予我們看見的能力，祂會安排各類失去的課程，透過失去讓人們學習「看見」的能力——看見自己擁有的幸福。

有一個富翁，他非常有錢，凡是能夠買得到的東西他都有，然而他卻一點都不覺得自己幸福。怎麼會這樣？他感到很困惑，於是將所有的貴重物品、首飾、黃金、珠寶以及一生賺來的錢都裝入一個大袋子裡，然後開始去旅行，他決定只要有誰能夠讓他找到幸福，就把這個袋子送給對方。

他找了又找，問了又問，直到一個村子，有個村民告訴他：「你應該去見見這位大師，如果他沒辦法讓你找到幸福，那麼就算你跑到天涯海角，也沒有人能幫你了。」

富人非常激動，他見到了正在靜坐的大師，他說：「我來是為了一個目的：我一生所賺來的錢財都在這個袋子裡，如果你能夠讓我找到幸福，我就把這些都送給你。」大師沉默片刻。

夜已降臨，天色正在變暗。

突然間，他從那個富人的手中抓起袋子就跑，富人一急，又哭又叫地追著他跑。但是他是外地來的，人生地不熟，沒一會兒就把對方追丟了。

富人簡直快瘋掉了，他一邊哭，一邊氣呼呼地說：「天啊！我被騙了，這個人搶走了我一生的心血，我所賺的錢全被他拿光了。」

最後大師跑了回來，將那個袋子放在他的旁邊，然後躲了起來。

不久，那位富人見到失而復得的袋子，立刻把它抱在自己的胸口，直說：「真是太好、太棒了！」

只見大師再度來到他的面前，問他：「先生，你現在覺得如何？覺得幸福嗎？」

「幸福，我覺得自己真是太幸福了！」富人說：「你真是怪人，用的方法也很奇特。」

大師笑答：「這並不是什麼奇特的方法，而是對於已擁有的一切，你早就視為理所當然，你欠缺的是一個失去它的機會，那樣你馬上就能發覺到你擁有的是什麼，其實你現在抱在胸前的不是什麼新的東西，這跟你之前拿著的是同一個袋子，不是嗎？但是因為你沒有失去它，也就忘了擁有它的幸福。」

幸福就在你的鼻樑上

美國著名的幽默作家喬希．比林斯(Josh Billings)說得好：「假如你曾經追尋到幸福，你可以了解，那就像一個老婦人急著尋找她遺失的眼鏡，卻發現它好端端架在自己的鼻樑上。」那些到處找尋幸福的人，是把幸福遺忘的人。

幸福就在你的鼻樑上，它就你的眼前，但由於你總是看向遠方，以致遺忘了眼前的幸福。

這就好比你在房中懸掛一幅美麗的畫，然而當你每天進出都會看見它，習以為常之後，你就會視若無睹。

你曾注意到你的鼻樑嗎？不，它一直都在你的眼前，你怎麼可能注意到呢？

所以我說，要知道某個東西的存在，你必須先失去它。除非你失去了它，否則你很難覺知到它的存在。

你有沒有這樣的經驗？你的孩子走失了，後來又安然無恙的找到；你的公司打算裁員，最後還好只是虛驚一場；你的胸上長了腫塊，幸好醫師診斷出是良性的。於是你突然對眼前的一切特別珍視，這才覺得自己實在太幸福了。

每天上班、上學、吃飽有得睡；睡飽有得吃，你不會覺得自己幸福，等有一天你遭遇失業、失學、生了大病或遇上災難，然後你就會祈求上天，希望能讓你回到以前的日子，你就會發現那些你覺得平凡無奇的日子，原來是那樣的幸福。

這就叫人在福中不知福，只有到失去了，你才會懂。

不幸是幸福不可缺的一部份

引述一句美國數學家兼哲學家羅素的話，**缺乏一些你想要的東西，是幸福不可缺的一部份。**

人生中總會有一些不愉快的事發生，你知道為什麼嗎？目的就是讓你覺知到你的快樂。假如生命中從來沒有不愉快的事，那也就不會有快樂的事。你又怎麼知道你是快樂的呢？

如果你不知道生病是什麼、麻煩是什麼，你將無法感覺到你是健康的和平順的。

為了要時常讓你覺知到健康和幸福，有時候生一個病，或遇到一些麻煩是需要的。

在海裡的魚會忘記海洋，牠並不知道自身在大海，但當你把牠扔到海岸上，沙灘上，炙熱的沙土上時，牠馬上就知道了，馬上就會記得了。

這也就是為什麼上天會讓你經歷痛苦和悲慘、讓你遇到那麼多的麻煩和煎熬，祂無非是希望讓你覺知到喜樂、平順，讓你知道，你早已身在幸福。

幸福就在你眼前，我們所要做的就是體認這一點，如果你不能覺知到這點，那麼失去將是遲早的事。

何權峰的幸福語錄

・要知道某個東西的存在，你必須先失去它。藉由失去，它們才能被感覺到。

・如果你從來沒有失去過，如果他們一直都在那裡，你很自然地會將它視為理所當然，以至於忘了他們的存在。

・當你失去某些東西，或是缺乏某些事物時，你會念念不忘；然而一旦擁有了之後，你就忘了它，你就視而不見。

・人生最大的不幸，就是不知道自己是幸福的。我們很少想到自己擁有什麼，卻總是念念不忘自己欠缺什麼，所以上天為了賜予我們看見的能力，祂會安排各類失去的課程，透過失去讓人們學習「看見」的能力，看見自己擁有的幸福。

・缺乏一些你想要的東西，是幸福不可缺的一部份。

去感覺痛苦以外的其他感受

病痛意謂著你那裡出了問題，你違反了自然，你的病症和痛苦就是一個指示，它顯示出你在某個地方出了差錯。所以你必須先去了解，去向內看，去看看問題出在哪裡，然後把它修正也就好了！它並不複雜，所有痛苦之所在，都是為了要指示你某個地方錯了，可能迷失了、走錯了，趕快轉個方向。

人為什麼會生病、為什麼會有那麼多的病痛？因為唯有透過病痛，人們才會有所覺知，有所覺醒，這是上天的一種恩賜。

莊子說：「當鞋子合腳時，身體就被忘記了，腳也一樣會被忘記。」當諸事都順利時，你就會忘了自己，一旦事情出了差錯，你才會覺醒，你才會覺知到自己。順境常使人矇騙自己，逆境才能使人認識自己。

所以，身體的病痛並不是負面的事。事實上，病痛是所有層面上學習、成長及治癒的最好機會——不只對病痛的人而言是如此，對受其影響的親密的人也是。鞋子不合腳會讓你感到不適，這樣你就會記住你的腳；身體也需要病痛的磨難，這樣人們才會記得去反省自己、去向內看，去探索問題出在哪裡。

病痛雖不受歡迎，但它很有用處。例如：盲腸炎、腎結石、胃炎……

等，內臟發生病變時，就會以疼痛來警告病人。這時病患才能覺知到身體出了問題，並到醫院就診。如果不會感覺痛，疾病就會在毫不知情的情況下惡化，醫師也無法診斷。

在醫學上，有一些患了先天無痛病的人，由於天生就沒有痛覺，因而在罹患疾病時，往往也「無知無覺」地惡化，甚至死亡。曾聽過有個痛神經失常的女孩，爬到滾燙的汽車引擎上去坐，結果把屁股都燒爛了。因為她沒有痛的感覺，根本不知道引擎是燙的，直到她的母親聞到人肉燒焦的味道，才把她抱下送醫。

病痛可反應人生的現況

痛是上天的恩賜，它可以提醒我們某些事情出了差錯，同時也是探索自我的重要線索。更重要的是，病痛要傳達的不止是身體的問題，它還能透過身體來反應人生的現況，就像一個信差，非常清楚告訴我們卡在什麼地方。例如，前幾年，我連續得過幾次鏈球菌感染，造成扁桃腺發炎，治療好之後，隔一段時候又復發，每次發病都伴隨發燒、喉嚨痛等病狀，迫使我把工作停頓下來，整個計畫和進度也大受影響。

當時覺得自己好像陷入了泥淖，想要往前衝卻欲振乏力，讓我感到無比的挫折沮喪。「到底問題出在哪裡？」於是，我開始反省自己，是什麼原因造成這樣？細想之後，才意識到原來是我過於求好心切，給自己的壓力太大，尤其在那陣子又接了好幾個計畫，眼看時間就要到期，但手上的工作卻進度落後許多，心裡當然會覺得挫折、衝突，甚至有罪惡感，這就是我生病的原因。

一點都沒錯，從心理的層面來看，發燒表示「熱切的期待」，我對那些工作確實有非常熱切的期待；喉嚨痛表示，有很多想表達的東西無法說出口。喉嚨是表達創造力的地方，當我們感覺創造力受到阻礙，或是想表達的東西遭到壓抑，就很容易產生喉嚨痛的毛病。我的情況的確就是這樣，想做的卻來不及做，想創造的又遭到阻礙。一旦了解了真正的原因，整個心情頓時也放鬆下來。

自那時候起，我開始放慢腳步，重新思考「自己要的是什麼？」「要怎麼規劃好生活？」到頭來，這個疾病反而帶給我健康。它讓我學會放慢步調，讓我懂得調適心情，此後也沒有再復發過了。

每一種身體疾病的過程，都代表某個特殊問題的呈現。指明病人在心靈層面失去了和諧與平衡，就會以病狀在身體層面展現出來，由於症狀出現會攪亂我們習以為常的生活，迫使我們注意症狀，並進而改變生活，所以症狀即是訊息的信號，病痛即是最重要的訊息。

就以扁桃腺炎造成的喉嚨痛為例，任何一種疼痛都表示罪惡感。是的，有罪惡感的人總是覺得自己應該受懲罰，而疼痛就是個懲罰，這種心理罪惡感引發的疼痛，即是一個訊息，它並不是止痛藥就能解決的。發炎的道理也是一樣，它是內心挫折與衝突演化到身體層面的結果，我們不應該膚淺地認為只是感染的問題，而忽略了心靈的層面的意義。用抗生素來消炎，只能解決表面的問題，若是造成問題的原因沒有解決，那個問題還是會再出現。

疾病不是因而是果

身體只是意識的鏡子，不斷擦鏡子並不能改變鏡子所反映的東西，不是嗎？我們應該藉由鏡子來認識自己，而非把鏡中所呈現的東西去除掉，那樣是不對的！疾病不是因，而是一個果。現代醫學對疾病採取對抗療法，病人有什麼症狀就開什麼藥物，事實上是倒果為因。吃藥只能解決症狀，但不能解決問題，那個問題還在，不久將會以另一個症狀出現。你可以用藥物把疾病壓下去，你可以阻止它表達，但是這樣的話，你的病症將會在別個地方冒出來，這是沒完沒了的。所以，我們常會看到某些人病被治好了，不久又生另外一種病，或是治好了某人的痛苦，他卻掉入另一個痛苦。

醫學愈來愈發達，病人反而愈來愈多，人的壽命愈來愈長，但死得卻愈來愈痛苦，為什麼？因為對抗療法把重點都放在症狀，而不是疾病，把治療都放在疾病，而不是病人，這樣當然會愈搞愈糟。病人才是重點，因為是病人生了那個病，是病人創造出那個病症，原因是出在病人身上，病症只是一個訊號。若你總是把治療放在症狀上，那病人又怎麼會好呢？因為病人還是一樣，他一點都沒改變，那個病將會一直都在，由於那個「因」一直沒變，所以它將繼續創造同樣的「果」。

醫學企圖掌握人體的每一個細節，結果卻把「人」遺忘了。

今天已有很多醫師同意，試圖醫治病人而不了解心靈層面，就好像播種而不看土壤一樣。其實這樣說也滿貼切的，沒有了解病人心理，性格與遭遇，而用藥物或手術來加以治療，就好像把一株長得不好的植物從盆子裡拉出來，逕行修剪一番，然後再插回原來的盆子一樣，那又怎麼會變好呢？

想改善所需要做的，就是要學習看見自己的實相。我說過，症狀就是向我們呈現生活的狀況，也是讓我們看到自己錯誤的機會。所以，你唯一要做的就是：「向內看」。向內看什麼呢？看見自己，是的，回頭看看自己到底哪裡出了差錯，因為答案就在你自己身上。

凡事向內求

對多數人而言，這個建議可能很不中聽，會覺得簡單而不實際，我們當然希望自己能對問題能採取行動。但是，你就是「有問題」的那個人，你能採取什麼行動？一個有問題的人所採取的任何行動，都將是「有問題」的，否則你又怎麼會「有問題」呢？

病痛意謂著你那裡出了問題，你違反了自然，你的病症和痛苦就是一個指示，它顯示出你在某個地方出了差錯。所以你必須先去了解，去向內看，去看看問題出在哪裡，然後把它修正也就好了！它並不複雜，所有痛苦之所在，都是為了要指示你某個地方錯了，可能迷失了、走錯了，趕快轉個方向。就像一個腳被燙的人，一定會立刻把腳縮回來，他可能往前衝，或往後跑，但絕不會留在原地，這就是痛苦的意義，它是要求改變的一種呈現。

事實上，不光是病痛，舉凡離婚、親人的死亡、經濟的危機或失敗，都是為了讓我們覺醒，逼得我們不得不去改變生活，迫使我們自問：我為何而來？我是誰？我在哪裡，要往何處去？

記住，這些痛苦並不是要打擊你。那是人們一直以來的誤解，這些痛苦是為了打醒你，它是為了使你變得更覺知、更覺醒，也是為了讓你走向智慧。所以，別怕痛苦，否則你會活得很麻木。外科醫生在對病人手術前，會注射麻醉劑，這樣病人就感覺不到痛苦，但是一旦沒有了痛覺，病人也變得遲鈍、迷糊，變得毫無意識。

你如何不讓自己受苦？

古今的大師都會讓他們的學生去經歷苦痛，而不去阻止他們。如果學生受苦的時間夠長，他們就會來見大師，說「師父，我一直都在受苦，我如何才能不讓自己受苦？」大師很少會直接告之答案，而是重複一遍學生的問題：「這是一個好問題，」他會說：「你如何才能不讓自己受苦？」學生於是會找出他自己的答案，從自己的內心找到，同時也走向他開悟之路。

耶穌的使徒巴塞洛繆(Bartholomew)說得好——

許多人一生都在「無法承受痛苦」的錯誤想法中度過，

然而，你已經承受了痛苦，

尚未做的，

只是去感覺痛苦以外的其他感受。

人活在痛苦中，不是因為命不好注定要活在痛苦中，而是因為人們還沒領悟到受苦的意義，因而還在受苦。每個病痛後面，都有值得學習的一課，都有它的意義，一旦你悟到了那層意義，那麼疾病也就自然會消失，因為這個疾病對你而言已經沒有意義了，沒有意義也就不會存在。

何權峰的幸福語錄

• 順境常使人矇騙自己，逆境才能使人認識自己。

• 鞋子不合腳會讓你感到不適，這樣你就會記住你的腳；身體也需要病痛的磨難，這樣人們才會記得去反省自己、去向內看，去探索問題出在哪裡。

• 痛是上天的恩賜，它可以提醒我們某些事情出了差錯，同時也是探索自我的重要線索。

• 身體只是意識的鏡子，不斷擦鏡子並不能改變鏡子所反映的東西，我們應該藉由鏡子來認識自己，而非把鏡中所呈現的東西去除掉。

• 人活在痛苦中，不是因為命不好注定要活在痛苦中，而是因為人們還沒領悟到受苦的意義，因而還在受苦。

只有不怕苦的人能吃出甜的滋味

人之所以會痛苦，是因為抗拒。

傷痛原本是很單純的，它本身並不包含苦的成份，就像頭痛一樣，它只是單純的痛，並不會苦，你之所以為頭痛所苦，是因為你去抗拒，你想避開：「我為什麼會頭痛，它不應該發生在我身上。」當你說：「它不應該」的時候，你的抗拒就創造出了苦。

所有的動物都會感覺「痛」，但只有人類會感覺「苦」，疼痛是一種肉體的感覺，受苦則是我們對痛苦的反應，更明白的說，苦完全是我們自己創造出來的東西。

抗拒創造出痛苦

人之所以會痛苦，是因為抗拒，這點我在上一本《忘了總比記得好》書中已經說過，是因為大家都不願接受，認為痛苦不應該存在，說痛苦是不好的，所以才會受苦。

如果你曾仔細去看，你將會感到很驚訝，比方說你受傷，那個傷口是存在的，但是那個苦並不存在。苦只是一種心裡的感受，它來自於你的抗拒，是你不願接受產生了苦。

一個失戀的人為什麼會痛苦？一個破產的人為什麼會痛苦？他們的身上也沒少掉一塊肉啊，為什麼會覺得「痛不欲生」？是因為他們抗拒，他們不願去接受失去的事實，對嗎？

當有人離開你，不管原因是分手，離婚或死亡，如果你一直無法接受，那你會怎麼樣？你會痛苦萬分，對嗎？你會吃不下，睡不好，很多夜晚你會又哭又泣又作惡夢……你會因此受苦。

然後，事隔半年、一年，如果你慢慢接受了，那個痛苦就消失就這麼簡單！但是，如果你無法接受呢？那情況又會如何？記憶也許會淡忘，但痛苦卻一直還在，情形就是這樣，即使在很久之後，只要一個情境，一個不經意的話語，也會引發你的聯想，也會勾起你的回憶，因為你不願接受，所以那個傷口一直還在，那個創傷仍然活著。

過去的傷痛之所以會隱隱作痛，那是因為你逃避它，抗拒它，因而它們一直留在你的心裡，它們並沒有消失，只會不斷地累積，那就是為什麼你有那麼多的負荷，為什麼你會有那麼多的苦。

傷痛原本是很單純的，它本身並不包含苦的成份，就像頭痛一樣，它只是單純的痛，並不會苦，你之所以為頭痛所苦，是因為你去抗拒，你想避開：「我為什麼會頭痛，它不應該發生在我身上。」當你說：「它不應該」的時候，你的抗拒就創造出了苦。

所有的痛苦，都源於人們想逃避的慾望，如果你能接受事實，受苦就會停止。這是很簡單的道理，如果我是個盲人，我也接受這個事實，就不會一天到晚抗爭，想要重見光明。反之，如果我不願接受這個事實，那會怎麼樣？我的抗拒必會帶來掙扎，不願接受只會陷入痛苦，不是嗎？

接受就是超越，如果你能接受失敗也就超越失敗，能接受挫折也就超越挫折，能接受死亡也就超越死亡，同樣的，如果你能接受痛苦也就超越痛苦。一旦你接受，一旦你不再抗爭，突然間就會有一個改變，整個痛苦就會消失。即使你在地獄裡，如果你接受它，地獄也就消失。

重要的是去接受

試試看，當你覺得痛苦的時候，就讓痛苦發生，不要去逃避，也不要去抗爭，看看會怎麼樣？突然間，你就會覺知到那只是個感覺而已，它來來去去只要你不去對抗它，不試圖去改變它，痛苦將會像雲一樣地消失。

所以我說，真正的要點就是接受。如果你願意接受痛苦，即使痛苦也有它本身的美，不僅歡樂是美的，傷悲也有它本身的美，那個深度甚至是任何歡樂都無法達到的。這就是為什麼喜劇從來沒有像悲劇那麼深刻，那麼地感人肺腑，一個不曾經歷痛苦的人是膚淺的。他或許會有歡笑，但那個笑很表面，只是一層皮而已，那是很沒有深度的。試著去經驗痛苦，去感激上天賜予痛苦，這麼一來，你將會對苦痛有了不同層次的認知和深度，那是你從來都不曾體驗過的。

超越痛苦，那麼痛苦也就不會使你痛苦，你可以沒有痛苦的分離，沒有痛苦的放下，沒有痛苦的哭泣。是的，你甚至能沒有痛苦的度過

「你的痛苦」。去掉抗爭，痛苦也就消失不見。

佛法經常被稱為一種受苦的哲學，佛陀在第一次轉法輪時即開示痛苦的聖諦，一個達成心靈成就的修行者，越走近這條道路，這個痛苦越轉向一種快樂，這種喜樂可以充滿全身，因為對這樣的人而言，所有痛苦的起因已經消失，痛苦也就無從生起。這個奧秘在哪裡呢？奧秘在於從一開始就承認世界是不圓滿的，既然是不圓滿的，那如果有什麼缺憾，也就不會因此而痛苦，因為它本來就不圓滿，不是嗎？

也許許多人會認為這種說法太悲觀了，其實這並不是悲觀，而是一種了悟——了悟到生命的本質，反而可以讓我們用較正面積極的態度來看待人生的悲劇。

想想，做人也真的很苦，有悲苦、勞苦、憂苦、病苦……你可以翻一翻歷史幾千年來，人類一直活在苦難中，看到自己受苦，也看到別人的災難、痛苦、悲傷，窮困，雖然其中也有過歡樂，也有過富裕，但總是短暫的，它們總是來來去去，而且失去了又比從未得到更苦，一旦了悟人生這個旋轉輪子的本質，你就會了解，為什麼佛家會說這個世界是苦海。

當你知道人生是苦難的，你就比較容易接受所有的拂逆，也就不會再有那麼多的挫折和苦痛。事實上逃避苦痛即是逃避生命，這就難怪你始終快樂不起來。你身在水中，卻想讓自己滴水不沾，這怎麼可能？

苦瓜就是苦瓜

人活著，不是期待人生完全沒有悲苦，而要期待自己能有所體悟，去超越悲苦。一旦能從遭遇中去成長感悟，悲苦就不再是悲苦了。只有陷溺其中，反覆同樣的悲苦，或沉迷於短暫的歡樂，以至於終身醒悟不到悲苦之何以悲苦，那麼悲苦就真的是悲苦了。

有一群弟子要出去朝聖，師父拿出一個苦瓜，對弟子們說：「你們隨身帶著這個苦瓜，記得把它浸泡在每一條你們經過的聖河，並且把它帶進你們所朝拜的聖殿，放在聖桌上供養，並朝拜它。」

弟子朝聖時，走過許多聖河和聖殿，都依照師父的指示做。

回來以後，他們把苦瓜交給師父，師父叫他們把苦瓜煮熟，當作晚餐。

晚餐的時候，師父吃了一口，然後語重心長的說：「奇怪呀！泡過這麼多的聖水，進了這麼多的聖殿，這個苦瓜竟然沒有變甜。」

弟子聽了，有好幾位當下開悟。

苦是苦瓜的本質，不會因聖水、聖殿而變，人生的苦痛何嘗不是這樣，不會因你的地位、學位、財富或是你信仰某個宗教、拜了某個神而改變。

苦瓜就是苦瓜，不會變成甜瓜，但是當你了解了苦瓜的本質，不去抗拒它，那麼在你多吃幾次之後也就不再覺得苦了，甚至還能品嚐出苦澀滋味後的甘甜來，是不是？

人生是苦的，只有不怕苦的人才能吃出甜的滋味。

何權峰的幸福語錄

- 所有的動物都會感覺「痛」，但只有人類會感覺「苦」，疼痛是一種肉體的感覺，受苦則是我們對痛苦的反應，更明白的說，苦完全是我們自己創造出來的東西。
- 所有的痛苦，都源於人們想逃避的慾望，如果你能接受事實，受苦就會停止。
- 如果你能接受痛苦也就超越痛苦。一旦你接受，一旦你不再抗爭，突然間就會有一個改變，整個痛苦就會消失。
- 當你知道人生是苦難的，你就比較容易接受所有的拂逆，也就不會再有那麼多的挫折和苦痛。你身在水中，卻想讓自己滴水不沾，這怎麼可能？
- 人生是苦的，只有不怕苦的人才能吃出甜的滋味。

LEX

是你冤枉了神

遇到挫折災難或是失意無助的時候，人們常會去祈禱、去祈求上天，這點可以理解，但卻未必是對的。

原因是這樣，如果你去祈求，那就表示你並不信任祂，因為如果你信任的話，你應該知道神是無所不知，無所不能，祂知道該做什麼是最好的。所以除非你並不信任祂，否則你為什麼要祈求？神難道不知道自己做了些什麼？

遇到挫折災難或是失意無助的時候，人們常會去祈禱、去祈求上天，這點可以理解，但卻未必是對的。

原因是這樣，如果你去祈求，那就表示你並不信任祂，因為如果你信任的話，你應該知道神是無所不知，無所不能，祂知道該做什麼是最好的。所以除非你並不信任祂，否則你為什麼要祈求？神難道不知道自己做了些什麼？或該怎麼做嗎？祂需要你來告訴祂、指引祂嗎？

懷疑超過了信任

你注意過那些「虔誠」的信徒嗎？他們往往一有問題就去問神，一遇到麻煩就去找神麻煩。神所做的似乎總是不合他們的意，否則為什麼會有那麼多的質疑和求助呢？仔細去看看那些經常去求神拜佛的人，他們對神的懷疑其實是超過信任的。

有一個老太太，因為孫子要當兵了，便去拜媽祖，求神明保佑。沒想到，一抽籤就抽中「金馬獎」，老太太很生氣，就去廟裡罵廟公：「你們這廟到底靈不靈，為什麼我那麼虔誠，祈求神保佑了，我孫子還會抽到金馬獎呢？」

廟公笑答：「當然靈了，妳想想看，媽祖是哪裡人？祂當然是要就近照顧嘛——」

如果你真的信任，那麼是「祂」安排這一切的，不管你是抽到外島當兵，是生了重病，是事業不順利，是感情不如意，這些都是祂的計劃，你根本就不該去抱怨，也不需要去祈求，這才是信任。真的信任不會去求這個，要那個，不會說：「我的孩子生病，請救救他！」、「我的先生官位一直升不上去，請幫忙他！」，如果你真的信任神，當知祂自有祂的安排，你的任何祈禱都只是意謂著對祂的懷疑而已。

我聽說有一個人非常苛薄，但是卻是個虔誠的教徒，他每天都對神祈禱至少十個小時，一生從未間斷。然而當他死時，卻是身無分文，且妻離子散。完全不像他那個無神論的弟弟，擁有一切美好的結果。

當這位虔誠的教徒來到神的面前，他懷疑地問道：「神啊！為什麼會這樣呢？當我太太離家出走時，我向你祈禱；當我的房子被燒掉，我還是向你祈禱；當我的生意失敗，我依舊虔誠的祈禱；就連所有的孩子都背棄我，我仍然持續地禱告。但是為什麼所有惡運都發生在這個每天對你祈求禱告至少十小時的人身上，而不是發生在那個從不祈禱的邪惡弟弟身上？」

「因為！」神很生氣地說：「你太煩了！」虔誠祈禱，或者是求某個神、拜某個佛那是信仰，並不是信任，這點很容易被搞混。

信仰並不等於信任

信任是什麼？信任是意謂著不論發生什麼，我們都快樂接受，相信上天自有祂的美意，如果你懷疑否定，你就錯過了整個要點。讓我引用一個故事來說明，大家應該就比較容易懂。

有個年輕的登山者，經過一番漫長艱辛的攀爬之後，終於快抵達頂峰了。突然，他踩了一個空，人往下掉。他在絕望中抓住了一根樹枝，暫時保住一命。當時相當接近山頂，於是他開始呼救：「有人在上面嗎？」有個聲音喊回來：「有啊，是我，上帝。」

他聽了鬆了口氣，他是信上帝的，所以他很高興地說：「上帝救我！我快撐不住了！」

上帝回答他：「沒問題，不要怕，你只要照著我的話做就好了。」

那個人又喊回去：「我願意做任何事，不管任何事！趕快告訴我該怎麼做。」

上帝用清楚又洪亮的聲音告訴他：「放手，不要抓住樹枝。」

那人不敢置信地問：「把手放開？」

「沒錯，放手！」上帝回道。

登山者愣了一會兒，然後大叫：「還有別人在上面嗎？」

明白了嗎？信仰不等於信任，信任是沒有懷疑全然地接受，這跟你是否有信仰無關。

是你誤解了祂

當然，許多人還是會有存疑。比方說，當九二一地震時，神去哪裡？當美國九一一爆炸時，神去了哪裡？當SARS到處蔓延的現在，神又去了哪裡？祂是不是睡著了，否則世上為什麼會有這麼多的天災人禍？為什麼會有那麼多意外不幸？為什麼祂不去阻止這一切的發生？

其實，神一直都在，祂並沒有跑去渡假，也沒有偷懶打瞌睡，神一直都在照顧著你。所以在你睡著時，你仍然可以繼續呼吸；當你打瞌睡時，心跳也不會停止跳。就像現在，你正看這本書的此時，你有注意到你的呼吸和心跳嗎？沒有，對嗎？因為神會幫你照顧好這一切，是祂讓整個世界能夠運作如此順利和諧。

至於那些你所質疑的——為什麼神會讓災難發生？為什麼災難發生時，神沒來幫助你？為什麼你向祂呼喊，祂卻沒有回應？災難為什麼會發生，我想我已經說過很多次了，生命中會發生在你身上的是，都是為了考驗你，這也是你來到地球這所學校必修（或選修）的功課。

而你說，神並沒有幫助你，對你沒有回應，我覺得是你冤枉了祂，祂一直有回應你，你之所以沒有接收到，那不是因為祂，而是因為你，是你誤解了祂。

你或許也聽過這則老故事——

有一個人對上帝很有信心。這一天，傾盆大雨造成住家附近河堤崩潰，大水一發不可收拾。

當他倉皇爬到屋頂上，有一個鄰人划著橡皮艇要過來救他：「上來吧！」鄰人說道。「不用了，上帝會來救我。」他很有信心的回答。

不久，另一艘救生艇駛過來，他仍然堅定的拒絕。最後，當消防隊員硬要把他拖上船時，他奮力的抗拒，堅持不上船。

沒有多久，大水淹沒了屋頂，當然也淹死了他。

到了天堂，他氣呼呼的責問上帝，為什麼不來救他？

「我有去救你啊！我派了三艘船前去，都被你一一拒絕了。上帝無奈的回答。

是你誤解了祂，事情就是這樣，祂曾經利用各種方式在幫你，或許是一艘救生艇，或許是透過一個女人，透過一個男人，或是透過一本書、透過一個意外……祂總是透過各種方式敲你的門，然而你卻把門關得緊緊的，還怪祂沒來找過你。

祂也許就在你身旁

我想改編一下剛剛的故事，你就會更瞭解我的意思。

有位商人想投資生意又怕血本無歸。

於是他跑到窗邊，對著天空說：「神啊！請幫助我！」

在藍天中出現了美妙如旋律的聲音說：「沒問題，我的孩子，我會幫助你的。」這個商人頓時覺得信心大增。

他的太太告訴他：「你要想清楚，當心被騙了。」

商人說：「不會的。你不了解，神會幫助我的。」

然後他的朋友、同事，還有父母都提醒他：「別太衝動，再考慮看看吧！」他對所有人的回答卻是：「放心，神會幫我，沒問題的。」

結果他失敗了。

他很氣憤的抱怨上帝：「怎麼回事？你說過你會幫助我的，而我現在卻破產了。」

「我試過了！」上帝回答道。「我安排了你的太太、朋友、同事和你的父母去提醒你，為什麼你總是執迷不悟？」

斯利·拉瑪克利希納福音（The Gospel of Sri Ramakrishna）有段話，下雨過後，水從屋頂經由排水管流下來。

對我們來說，水似乎是來自排水管，但其實是天上來。同樣的現象也發生在我們所受到的教訓，我們覺得教訓好像是出自那個人或那件事，但其實是來自神。那些經常叮嚀勸告你的人，或讓你挫折的事。

所以我一再強調，別只會祈求，而是要去信任，去接受發生在你身上的一切。別忘了神常以各形各色的面貌出現，祂也許現在就在你的身旁。

何權峰的幸福語錄

‧虔誠祈禱，或者是求某個神、拜某個佛那是信仰，並不是信任。

‧信任是意謂著不論發生什麼，我們都快樂接受，相信上天自有祂的美意，如果你懷疑否定，你就錯過了整個要點。

‧生命中會發生在你身上的是，都是為了考驗你，這也是你來到地球這所學校必修（或選修）的功課。

‧別只會祈求，而是要去信任，去接受發生在你身上的一切。別忘了神常以各形各色的面貌出現，祂也許現在就在你的身旁。

毛毛蟲的世界末日

如果你只看到污泥，你會不敢相信它可以長出蓮花，那些只不過是淤泥，你會不敢相信它可以長出蓮花，那些只不過是淤泥罷了，怎麼可能？但事實就是如此，那些你所厭惡的遭遇，你曾經陷入的污泥，只要你不抗拒，不逃離，那麼到了適當的季節，到了適當的時機，花朵將會來臨。即使是污泥也能脫變成蓮花。

我很喜歡一個有關織波斯地毯的故事。

全世界最好的波斯地毯很多來自中東某一些小村落，每一張地毯都完全用手工編織而成。

織波斯地毯的方法，是用一個大型而垂直的伸展架，織工的師父站在毯子的一端發號施令，助手們則站在另一端動手織毯子。

由於助手通常是以背面朝上的方式編織，在看不見正確花紋的情況下，只能聽師父的口令做動作，拉扯一條條毛線。

有時出了差錯，師父並不會叫他解開織錯的線重織，僅在原來織錯紋路上，再創造出新的花樣。通常，修改後的花樣往往比原來的樣式更好看。

工作一整天之後，助手們走到師父這一邊，才第一次看到他們辛苦耕耘的成果，單調的線條已變成了美麗的圖紋。

生命也是如此，我們就像那些織毯的助手們，每天拉扯一條條生命的毛線，日復一日地編織，看到的也只是一條條毛線而已。但另一端站的正是偉大的織毯師——神，只有祂知道我們所將要織成的美麗圖案。

時機成熟自然就會開花

活到這個年紀，如果真要說學到什麼，那就是學到對人生的境遇有信心。不論上天怎麼安排，我都欣然接受，我深信，每一件會發生在我身上的經歷和事件，都將指向一個更加廣大、完美的構圖，遠非我一時片刻所能想像。

是的，如果你只看到污泥，你會不敢相信它可以長出蓮花，那些只不過是淤泥，你會不敢相信它可以長出蓮花，那些只不過是淤泥罷了，怎麼可能？但事實就是如此，那些你所厭惡的遭遇，你曾經陷入的污泥，只要你不抗拒，不逃離，那麼到了適當的季節，到了適當的時機，花朵將會來臨。即使是污泥也能蛻變成蓮花。

神是非常公平的，即使有時祂並不公平，但祂還是很公平的對每個人都不公平。神沒有什麼特別偏好，祂既不會特別贊同某個人也不會特別反對某個人。你之所以懷疑祂，那是因為你只看到眼前，你還沒有視野看到整個結果。這點大家必須記住，短期來說，這個世界不一定是公平的，可是，把時間拉長來看，這個世界的確是公平的。

多數人在生命的盡頭回顧一生，都不後悔曾經有過的壞經驗，因為每一段經歷都讓他們從中學到點什麼。你所經歷的一切，走過的每一場風暴，都為了塑造出完美的你。你必須有足夠的耐心，等待它開花，然後你的信心就會產生，你就會開始相信，每當時機成熟時花朵就會來臨。

人們總以為眼前事物、悲、歡、離、合，就是生命的所有章節，不能跳出視野，用宏觀的視野來看整體的生命，貪、癡、戀、迷，全是放不開的心結。我們目光如豆，我們總是只看到一個面，就像躲在門縫往外看，是永遠看不出整個風景的。

你從門縫看見一個人經過，在你看見他的前一刻裡，他並不在你的視野，所以你就認為他不存在，但是他真的不存在嗎？他其實是存在的，但對當時的狀況而言，它屬於未來，你當然無法看見他，因為現在他還不在你的視線之內，對嗎？

我們只看眼前，看不到未來，我們只看到片斷，而看不到整體；於是我們才會一直在問說。為什麼上天不公平，為什麼苦難會發生在我身上，為什麼會有這，或是有那個……為什麼？

現在你知道為什麼了吧！如果你爬到山峰，你就會明白這一切。當你處在山谷，你內心陰暗，看到的人事物也都是灰暗的，但當你到達峰頂，你將打開整個視野，這時你就會知道，你就會笑。

坐看雲起時

你爬過山嗎？你曾經爬過一座不知名的山嗎？爬山的過程當然是

艱辛、是困難的，陡峭的山路交錯難行，你甚至幾度會懷疑，「這裡有路嗎？」「我爬得上去嗎？」。但是一到山頂，在廣闊的視野下，你會看到所有的道路都通向山峰，同樣的道路，但看起來卻完全不同。因為你眼界提高了，你能完整地看到整件事情，這時複雜也變得簡單，苦痛也變得喜樂，這就是成長，就是成熟。所謂行到水窮處，坐看雲起時，就是這個境界。

回想一下，幾年前發生在你身上不得了的大事——不管是情人變心、考試落榜、罹患重病、親人離散、受騙上當或受人屈辱、遭人誣陷……當時你氣急敗壞，你沮喪難過，你哭過、喊過，好像天就要塌下來了，然而在多年之後的今天，回顧過往，你已經不像當時那麼在意，那麼痛苦了，甚至早已淡忘，為什麼？

是時間嗎？時間可以沖淡一切？不，事實上時間並不能改變什麼，會把事情淡忘那是因為你變了。想想某一個時候，那時曾發生了一些你傷痛的事。現在，當你成長了，能以更成熟的眼光來回顧，你可能會一笑置之，為什麼？因為你蛻變了，污泥已長出蓮花，你已經超越了。

就像飛機往上飛過雲層，從地面上看來，天空可能是灰濛濛的，好像太陽不存在。但是只要你飛得夠高，一旦穿過烏雲，你就會發現藍天的太陽正燦爛地照耀著。太陽一直都在，只是被烏雲遮蔽了，這烏雲就是你的「視障」，就是你生命的陰影，只要撥開那層烏雲，太陽就展露笑臉。

撥雲見日，羽化成蝶

是梭羅說的吧！這世界並沒有什麼錯，錯的是我們看待它的方式。如果你能拉長時間去看，如果你能提高視野去看，沒有什麼東西是不對的，一切都是對的。生是對的，死也是對的，快樂是對的，痛苦也是對的。

無論發生什麼事，即使這些事對你而言看起來像一種詛咒，但它們從來都不是一個詛咒，它們永遠都是一份祝福，就像污穢的淤泥對蓮花而言，並不是詛咒，而是祝福。如果你能了解整件事情的來龍去脈，能看出它們所有前因後果，你就會去感激。

蝴蝶生命的深層結構原是毛毛蟲，然而毛毛蟲對牠自己將成為一隻美麗的蝴蝶並沒有意識，所以蛻變竟成了艱苦的折磨，直到羽化成蝶，牠才會明白，原來被誤認為的災難，是來幫助牠的——毛毛蟲的世界末日，原來是變成蝴蝶。

修行悟道並不在彼岸，它就在這個艱苦的人間。這裡的一切磨難正是提供修行所需要的了悟，而那些你所謂的不幸和苦痛，終將把生命織成美麗的圖畫。

你了悟了嗎？

何權峰的幸福語錄

• 神是非常公平的，即使有時祂並不公平，但祂還是很公平的對每個人都不公平。短期來說，這個世界不一定是公平的，可是，把時間拉長來看，這個世界的確是公平的。

• 我們只看眼前，看不到未來，我們只看到片斷，而看不到整體。

• 這世界並沒有什麼錯，錯的是我們看待它的方式。

• 蝴蝶生命的深層結構原是毛毛蟲，然而毛毛蟲對牠自己將成為一隻美麗的蝴蝶並沒有意識，所以蛻變竟成了艱苦的折磨，直到羽化成蝶，牠才會明白，原來被誤認為的災難，是來幫助牠的。

• 修行悟道並不在彼岸，它就在這個艱苦的人間。

看到浮生百態的美好

有一本書《小王子》，儘管它佈局很簡單、節奏很緩慢、對白很淺顯，甚至劇情很單調，但是全世界還是有無數的人喜歡它，包括我，但我更喜歡的是書中第二十一章出現的那隻狐狸。

牠的出現讓我感動地希望自己還有能力像年輕時動不動就熱淚盈眶，牠說出了一種「首先，你要坐得離我遠一點……」的距離美學，因為牠是如此內斂，才因而顯出真正的摯情，牠深深懂得「愛與離開」的哲學，牠會用等同我們人類所謂「培養」的「馴服」來慢慢等待和迎接緣份的成熟與感情的醞釀，「你最好每天同一時間來……那麼，時間愈接近，我就愈覺得幸福……」的這段描述，尤其表現出牠對人生際遇的理解與寬容，就因為期待是種煎熬，於是落空是平常，得到是意外，感恩的念頭讓世上所有屬於心想事成的甜蜜幻想都找到了最好的出口，「我從來不吃麵包的，但因你有一頭金色的頭髮，於是那些金色的小麥都將使我想起你，而我從此也將喜歡聽那吹過麥田的風聲了……」的結論，說明了感情需要靠沉澱，沉澱後才有眷戀，眷戀於是滋生新的想念，想念才會讓再見的理由擁有更多想像的空間。

何權峰最新的這本《幸與不幸都是福》，字裡行間都是人生，就像《小王子》裡那隻狐狸，每個出場都是境界，我和小王子一樣受到啟發，只見小王子教迷航的駕駛員回想井口滑輪的聲音和抬頭觀星時要懂得無限聯想，我則因《幸與不幸都是福》裡傳達「甘願」觀念的學習而珍惜起周遭每一個人、每一件事。

狐狸改變了小王子，也同時改變了正在看《小王子》的所有讀者；就像何權峰寫出的生命冷暖，讓看過《幸與不幸都是福》的所有讀者都覺得共鳴不已。《小王子》的迷人是藉由小王子的旅程讓我們每個人都看到若干熟悉的身影，甚至自己不為人知的內心真相，《幸與不幸都是福》的動人則是透過何權峰的筆讓我們看到浮生百態的美好，並進而找到永恆豁達的方向與力量。

不管是要認識《小王子》裡那隻聽到別人腳步聲就會躲起來的狐狸，或是要認識《幸與不幸都是福》裡總有辦法寫出我們心底深沉迴音的何權峰，相信隨時都來得及，相信每次都是你我尋找真正心靈幸福的難得出發。

編者

請沿虛線剪下裝訂寄回，謝謝！

【生活勵志系列】讀者回函卡

爲提升服務品質，煩請您塡寫下列資料：

1.您購買的書名：幸與不幸都是福

2.您的姓名：________ 您的年齡：____ 歲 您的性別：☐男 ☐女

3.您的E-mail：________

4.您的地址：________

5.您的學歷：
☐國中及以下 ☐高中 ☐專科學院 ☐大學 ☐研究所及以上

6.您的職業：
☐製造業 ☐銷售業 ☐金融業 ☐資訊業 ☐學生 ☐大衆傳播
☐自由業 ☐服務業 ☐軍警 ☐公務員 ☐教職 ☐其他

7.您從何得知本書消息：
☐書店 ☐報紙廣告 ☐雜誌廣告 ☐廣告DM ☐廣播
☐電視 ☐親友、老師推薦 ☐其他

8.您對本書的評價：（請塡代號1.非常滿意2.滿意3.偏低4.再改進）
書名 ____ 封面設計 ____ 版面編排 ____ 內容 ____ 文／譯筆 ____
價格 ____

9.讀完本書後您覺得：
☐很有收穫 ☐有收穫 ☐收穫不多 ☐沒收穫

10.您會推薦本書給朋友嗎？
☐會 ☐不會，為什麼 ________

11.你對編者的建議？

____

請沿虛線剪下裝訂寄回，謝謝！

廣告回郵
北區郵政管理局登記證 北台字12548號
免貼郵票

高寶國際有限公司

地址：台北市114內湖區新明路174巷15號10樓
電話：（02）2791-1197
網址：www.sitak.com.tw

書名：幸與不幸都是福

高寶國際集團

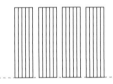

品質保證